Pillole per la memoria – 3

Isbn 978-88-96576-03-8

Prima edizione: 2009
Seconda edizione: 2021
Edizioni Trabant – Brindisi
www.edizionitrabant.it
redazione@edizionitrabant.it

Enrico Morselli

L'umanità dell'avvenire

Edizioni
Trabant

NE RIMARRA' UNO SOLO

Diciamolo subito, così da sgomberare il campo da ogni equivoco: delle tesi espresse nel presente libro non condividiamo una sola virgola. Ma è proprio questo il motivo per cui lo diffondiamo. A volte leggere un libro razzista può rivelarsi un antidoto contro il razzismo molto più efficace di mille paternali retoriche.

Sarebbe molto comodo se il confine tra ciò che chiamiamo *bene* e *male* fosse così netto come spesso si tende a rappresentare; e se le tragedie della storia fossero state sempre compiute o ispirate da gente consapevole del dolore che stava infliggendo. Ma forse dovremmo un giorno arrenderci all'idea che non esiste il *male assoluto*: esistono invece gli uomini, con le loro illusioni, il loro continuo tentativo di dare una sistemata definitiva alla conoscenza, e una buona dose di imperdonabile incoscienza per le conseguenze delle proprie parole. Tutto il resto sono solo astuti alibi. Questo per sottolineare come il presente libro possa apparire non solo sciocco ma anche intollerabile ai nostri occhi di moderni (o almeno, ci auguriamo che sortisca un simile effetto); eppure fu scritto con le migliori intenzioni scientifiche, e senza un briciolo di odio: razzismo senza odio razziale.

"Un asino": su Enrico Morselli pesa questo impietoso giudizio di Sigmund Freud. Fu però formulato in base a una controversia sulla psicoanalisi, e quindi motivato da gelosie fra studiosi. Nessuno, all'epoca, si sognò mai di bollarlo in questo modo per le sue teorie antropologiche, e il motivo è semplice: in quell'Europa di fine '800 pochi si sarebbero scandalizzati a sentire pronunciare espressioni come "razza inferiore".

Morselli, tra l'altro, non era affatto un asino. Ancora oggi è ritenuto una figura fra le maggiori della scienza medica italiana, e anche un benemerito. Originario di Modena, laureato in medicina nel 1874, si era dedicato principalmente alla scienza psichiatrica, e in quest'ambito viene principalmente ricordato. Fu direttore degli ospedali psichiatrici di Macerata e Torino, e in quelle occasioni si impegnò a fondo - non senza andare incontro a resistenze - nella riforma di tali istituti: cercava di migliorare il trattamento dei pazienti, aboliva pratiche coercitive come catene e gabbie, perseguitava implacabilmente i membri del personale (purtroppo numerosi) che si macchiavano di abusi sugli ospiti. A leggere questo tipo di note biografiche, emerge dunque la figura di un brav'uomo, spesso ostacolato dai superiori per il suo eccesso di umanità. A quanto pare fu proprio a causa di discordie di questo tipo che si ritirò dalla direzione dei manicomi per dedicarsi alla didattica universitaria: nel 1891 divenne ordinario di Psichiatria a Genova, nel cui ateneo soleva tenere anche corsi liberi sulle altre discipline di cui era studioso appassionato.

Fra queste, figurava l'antropologia.

E qui arriviamo alla nota dolente. Quella che presentiamo come un'opera a sé costituiva originariamente il capitolo finale di un voluminoso trattato di antropologia pubblicato a Torino nel 1911. Il trattato, a sua volta, era la raccolta delle dispense universitarie relative ai corsi tenuti da Morselli nell'ultimo decennio del XIX secolo: "L'umanità dell'avvenire" è dunque la lezione finale del corso, summa del pensiero morselliano sull'Uomo, le sue tipologie e - dulcis in fundo - il suo futuro. Che teorie vi troviamo espresse? Dette così in due parole, un ammasso di aberrazioni: distinzione tra razze inferiori ("protomorfe") e superiori ("arcimorfe"), predizione di una feroce selezione naturale che eliminerà le inferiori e farà trionfare la Razza Bianca; pregiudizi di ogni tipo per giustificare l'inferiorità di neri, gialli e quant'altri non siano europei; auspicio di una consapevole eugenetica che migliori la razza abolendo la promiscuità sessuale con le persone affette da deformità; e per finire la visione idilliaca di un mondo futuro abitato da esseri quasi perfetti (tutti bianchi, ovviamente), dell'aspetto di una statua greca e dell'intelligenza di un Leonardo Da Vinci. Tutto questo grazie alla scomparsa degli inferiori e degli storpi.

Il lettore odierno farà un balzo sulla sedia: che fine ha fatto l'uomo che abbiamo dipinto finora, così umano e caritatevole verso i malati di mente, l'innovatore degli ospedali psichiatrici? Come faceva a coesistere nella stessa persona tanto progressismo da una parte e tanto pregiudizio dall'altra?

Non era affatto un caso di schizofrenia, anche se sarebbe stata un'ironia della sorte niente male per uno psichiatra: il punto è che queste posizioni che oggi consideriamo divergenti, all'epoca non lo erano. Progresso e Razzismo per molti suonavano, allora, quasi come sinonimi.

Erano gli anni del positivismo. Il mondo si rimpiccioliva ogni ora di più, rigato da strade ferrate che rendevano i viaggi brevi come mai erano stati; non passava giorno senza che qualche prodigiosa invenzione promettesse di rivoluzionare la vita quotidiana: forza del vapore, forza del carbone, acciaio, magnetismo. Gli uomini iniziavano a volare, a imprimere fotografie, a comunicare col telegrafo. Di pari passo andavano i mutamenti politici e sociali: le monarchie assolute cadevano come birilli aprendo la strada a nuove idee moderne come laicismo, libero mercato, libertà di culto e di espressione, democrazia. Va da sé che questa corsa verso il futuro aveva anche i suoi lati oscuri: industrializzazione selvaggia, nascita del proletariato urbano, colonialismo spietato. Ma poco importava: la classe di mezzo - vera vincitrice dell'epoca - guardava al domani con un ottimismo senza precedenti: "Liberato dalla crisalide animale, l'uomo si incammina finalmente sulla via del Progresso": così, grosso modo, era scritto sotto l'illustrazione allegorica che chiudeva un'opera di Flammarion, celebre divulgatore dell'epoca. E già si fantasticava su quali *mirabilia* riservasse il futuro: avremmo tutti percorso le nostre città su carri volanti? Saremmo stati in grado di leggerci il pensiero l'un l'altro?
Purtroppo questo balzo in avanti delle scienze umane - dei cui aspetti positivi beneficiamo tuttora - conteneva in sé, per una strana e inesplicabile legge di natura, anche i germi della barbarie; come se fosse impossibile per l'uomo, contrariamente alle convinzioni di Flammarion, liberarsi del tutto di questa *crisalide animale*.

Il darwinismo aveva finalmente imposto una visione razionale della storia dell'uomo, liberando la scienza da influssi metafisici e religiosi; spiegava la Natura sotto una luce logica, offrendo quasi una chiave di interpretazione dell'universo; e però allo stesso tempo spingeva allo studio dell'Uomo come a quello di un qualsiasi animale, in quanto tale passibile di classificazione. Oltretutto, gli anni dell'espansione coloniale mettevano l'Uomo Bianco a contatto per la prima volta con un infinito numero di culture differenti, spesso tecnologicamente meno avanzate. L'alta concezione di sé che l'Europeo sviluppava in quel periodo, tronfio delle sue strade ferrate e delle sue macchine a vapore, non poteva che portarlo a guardare dall'alto in basso delle popolazioni che ancora vivevano in capanne, si facevano facilmente asservire (più spesso per inferiorità nella tecnologia bellica che per mancanza di fierezza) e oltretutto apparivano così diverse fisicamente. Il Bianco era messo davanti al dilemma di confrontarsi con altre razze, un'emozione collettiva che andrebbe studiata: certi manuali di antropologia dell'epoca sembrano più che altro un campionario di stranezze esotiche a beneficio dei curiosi.

In altri tempi, in simili condizioni, era emerso sì un senso di superiorità, ma più superficiale. All'epoca della colonizzazione delle Americhe, spesso la spiegazione data dell'*inferiorità* degli indios era di natura religiosa: una volta convertiti al cristianesimo, costoro si sarebbero *inciviliti* come gli Europei. Non mancavano naturalmente gli scettici, che negavano all'extraeuropeo la minima possibilità di raggiungere un livello più alto; ma non mancavano neanche - va sottolineato ogni tanto - quelli che riuscivano a scorgere in queste popolazioni dei popoli alla pari, se non addirittura più virtuosi dei bianchi perché meno corrotti.

Ma il XIX secolo era un'epoca profondamente differente, pervasa da una gigantesca fiducia di poter spiegare il mondo per formule. Se alcune parti dell'umanità avevano raggiunto determinati successi e altre no, la spiegazione non poteva essere il Caso, né - figuriamoci - la Divinità: doveva bensì esserci alla base una causa razionale, naturalistica. Era *evidente* che alcune razze fossero per loro natura superiori ad altre.

Morselli non sfuggiva a un simile contesto. D'altra parte suo maestro era stato Cesare Lombroso, antropologo criminale con il pallino della frenologia, convinto che l'inclinazione verso il bene o il male fosse innata e scritta nella costituzione fisica dell'uomo; e pertanto si potesse distinguere un delinquente da un onesto cittadino semplicemente studiandone l'aspetto, le proporzioni fra le parti del corpo, la conformazione del cranio.

Fatte le dovute premesse, possiamo affrontare l'inquietante viaggio nell'*Umanità dell'avvenire*.

Il primo punto che preme all'autore è confutare l'idea che le razze siano tutte uguali. C'è chi lo afferma; ma si tratta di un atteggiamento troppo indulgente: è *evidente* che alcune razze umane siano inferiori a noi; neanche varrebbe la pena dimostrarlo. Tuttavia, ci si prova.

Cosa caratterizza la *razza inferiore* secondo Morselli? Presto detto: "intellettualmente vivono soltanto di sensazioni, hanno associazioni ideative in prevalenza sensorio-concrete, e sono incapaci di astrazione: tutto il loro pensiero è realistico, così nel contenuto come nella forma, per es. nel linguaggio, nella numerazione, nelle manifestazioni artistiche, nei concetti religiosi (...) i sentimenti fondamentali, il sessuale e l'egoistico-conservativo, sono i dominanti, quelli che guidano la condotta; povero è il senso estetico, o, se esiste, si rivela con forme semplici e barocche; scarso, per lo più, è il senso etico, o, se raggiunse un certo grado, ha sempre un che d'ingenuo, di puerile. Fiacca è la volontà: quasi tutti gli inferiori sono poltroni, e la frode, la menzogna, l'accidia, la crudeltà, la paura, la sciocca vanità, l'avidità, la servitù, la fatua imitazione, la superstizione più insulsa sono le caratteristiche della loro "personalità", la quale perciò è sempre poco evoluta e si disgrega facilmente".

Sarebbe fin troppo facile far notare come questa sembri la descrizione dell'uomo occidentale del 2000, ma passiamo oltre. Questi poveri esseri semi-umani non possono sfuggire alla legge della selezione naturale; sono perciò destinati all'estinzione, come già è capitato milioni di anni fa ai neanderthaliani. E prova ne è che all'epoca in cui l'autore scrive sono a centinaia le stirpi umane che stanno lentamente scomparendo (viene citato fra gli altri il caso dei Pellerossa). A Morselli poco importa che la causa di queste *estinzioni* siano le guerre coloniali o le malattie portate dagli europei: anzi, che un popolo soccomba a un altro è solo un'ulteriore dimostrazione della legge del più forte. Ma in molti casi l'antropologo non riesce nemmeno a focalizzare che il motivo della lenta scomparsa di certi popoli sia la violenza coloniale. Non si spiega ad esempio il decremento demografico degli indigeni australiani, che chiama con un eufemismo "poca resistenza a contatto con la nostra civiltà". L'unica ipotesi che si sente di avanzare è che la loro estinzione possa essere dovuta a una pratica di... circoncisione.

Ma questa freddezza non è cinismo, è piuttosto il contegno asettico dell'uomo di scienza. Il che non esclude che egli possa provare anche un senso di pietà per tante razze umane che scompaiono.

È questo uno snodo essenziale per comprendere la tragicità del problema. In Morselli non ci sono parole d'odio, si spinge anzi a dire: "oggi che un sentimento umano di simpatia comincia a vincolarci con tutti i nostri simili, noi dovremmo essere addolorati per questo ineluttabile fenomeno". Ha però cura di specificare subito dopo "anche sotto l'aspetto conoscitivo". Il sentimento che lui, europeo arcimorfo, può provare per un inferiore non esclude l'empatia, ma è allo stesso livello di quello che un ambientalista odierno proverebbe per un animale in via di estinzione; quel genere di simpatia che si elargisce paternalisticamente a chi ci è sottoposto. Tant'è che successivamente cita uno studioso che incita i suoi colleghi ad affrettarsi a studiare queste popolazioni... prima che si estinguano.

Chiarita l'esistenza delle razze protomorfe e la loro sorte ormai segnata, l'autore passa a descrivere le *razze superiori* o arcimorfe. Sono queste individuate in tre: bianchi, neri e gialli. Anche questi tipi, benché dalla natura dotati di maggiori capacità fisiche e intellettive, non possono sfuggire alla legge darwiniana. È perciò destino che vengano a lottare fra loro per il predominio (*etnarchìa*), sicché, come in un vecchio film, ne rimarrà uno solo. E chi è destinato a prevalere? Alzi la mano chi l'ha indovinato...

Ma il Bianco, naturalmente. Il motivo è la palese inferiorità delle altre due specie.

Morselli riporta alcune teorie secondo cui i Neri sarebbero uguali ai Bianchi (avendo peraltro cura di specificare che sono state elaborate dai Neri stessi). Ma lui rifiuta categoricamente l'accostamento, fornendo spiegazioni lucidissime e documentate: "il Negro d'Africa e d'Oceania (...) non ha mai fatto una sola invenzione, non ha contribuito con una sola idea nuova al patrimonio intellettuale dell' Umanità; men che mai ha avuto né poteva avere azione o parte veruna nel movimento religioso, morale e filosofico". Verrebbe voglia di resuscitarlo, metterlo sui ceci ad ascoltare un disco di Miles Davis e infine prenderlo a schiaffi: "E ora prova a ripeterlo, imbecille!"

Scomparsi i Neri, resteranno Bianchi e Gialli a contendersi la Terra. Ma i Gialli periranno inevitabilmente: già nei Cinesi si scorgono parecchi segni di decadenza; quanto alla cultura giapponese, manca totalmente di originalità. È vero - deve pur riconoscere lo studioso - che in Oriente sono presenti correnti religiose e filosofiche avanzate; ma la civiltà europea è comunque superiore, soprattutto in virtù della strada del Progresso da poco imboccata: "noi abbiamo saputo svolgere un'attività pratica immensamente superiore con altri concetti ed altri ideali, e ci apprestiamo a rivivificare la morale creata dal nostro genio filosofico e religioso col fermento dei principii d'una nuova etica e di un nuovo diritto sociale". E stendiamo un velo pietoso sul fatto che questi altri ideali e questa nuova etica contemplino il razzismo biologico.

Rimasti soltanto i Bianchi, questi lotteranno fra loro per eleggere la sotto-razza dominatrice. E qui la faziosità del nostro autore raggiunge picchi addirittura esilaranti. Potranno i vincitori essere i Tedeschi, come sogliono dire nell'ambito della neonata teoria dell'Arianesimo? In questo caso Morselli, per la prima volta in pagine e pagine, si sente di bollare una tesi razzista come poco scientifica: giacché implica che egli stesso appartenga a una razza inferiore (quella mediterranea), la esclude senza nemmeno apporre tante argomentazioni. L'altra ipotesi avanzata da alcuni colleghi è che il futuro riservi la prevalenza degli Anglo-Sassoni, in particolare sulla base dell'espansione economica degli Stati Uniti. Ebbene, a Morselli sembra ridicolo che un giorno gli Statunitensi governeranno il mondo, e il motivo risiede negli elementi decadenti presenti nella loro civiltà: "gli eccessi della libertà democratica e la corruzione politica, i fanatismi settarii religiosi o le più ingenue credulità, la grossolanità o le bizzarrie del gusto estetico, la degenerazione omosessuale o la dissoluzione della famiglia". Insomma: sono troppo democratici e finocchi per avere il predominio. Chi sarà, allora, a regnare fra i Bianchi? Ipotesi certe non se ne possono fare; ma nulla vieta che siano - guarda caso - i popoli latini, che potranno tornare alla guida della civiltà come facevano ai tempi di Atene e Roma.

In sostanza, la teoria morselliana si riduce a una spietata selezione naturale dalla quale risulteranno vincitori... gli italiani.

Ma come sarà fatto questo uomo del futuro, il culmine dell'Evoluzione che l'autore chiama Metànthropos (parola che in fondo altro non è che la traduzione greca di Super-uomo)?

Sarà innanzitutto un essere quasi perfetto dal punto di vista morfologico: si completerà il percorso evolutivo fino a rendere insuperabile l'armonia fra le parti del corpo. Nell'edizione originale dell'opera era presente un'illustrazione (che abbiamo voluto riproporre in copertina) tesa a chiarire il concetto. È la stampa di una statua antica, con la didascalia: "Il tipo superiore dell'Europeo mediterraneo secondo un'opera d'arte romana". Come se gli antichi avessero voluto rappresentare nella loro arte un'ipotesi dello stadio ultimo dell'evoluzione. E ironia della sorte, ciò che forse i curatori del volume ignoravano è che tale statua raffigura l'imperatore Claudio, un uomo che i contemporanei stimavano a tal punto da soprannominare "una caricatura d'uomo".

Sia come sia, questo stato di semi-perfezione organica verrà raggiunto non solo in modo spontaneo, per legge naturale; ma - si auspica l'autore - il processo potrà essere accelerato da una maggiore presa di coscienza dell'Uomo sui suoi "doveri verso la Razza". Avete capito bene, parliamo di eugenetica: "Che se fino da adesso in qualche paese civile si incominciano gli sforzi legislativi per diminuire i penosi effetti della eredità patologica, stabilendo qualche norma restrittiva alla libera scelta delle coppie coniugali, ben si può imaginarci una Umanità composta di individui vieppiù consapevoli dei proprii doveri verso la specie, e per ciò indotti ad imporsi, per mezzo della Eletta sociale, una limitazione obbligatoria al diritto di partecipare alla riproduzione eliminandone sempre più i deboli, gli infermi e gli anormali".

Ma la perfezione del Metànthropos non sarà unicamente fisica. Diversi indizi indicano che l'umanità si stia incamminando sulla strada di una sempre crescente razionalità, giustizia sociale, pace. "La conoscenza più profonda di se stesso e dei proprii destini, il benessere fisico vieppiù diffuso negli aggregati sociali e fra gli individui, li porterà alla operosità veramente utile per l'universale, alla benevolenza verso tutte le creature viventi, alla pietà ed all'altruismo verso i proprii simili. (...) si formerà una coscienza etnica sempre più uniforme, e senza contrasti stridenti, fra gli individui e fra le diverse frazioni dei singoli organismi sociali, cioè popoli e nazioni; e la mutualità continua fra le coscienze nazionali darà origine ad una sempre più armonica e profonda Coscienza universale".

Fin qui abbiamo osato parlare con leggerezza e addirittura scherzare di queste teorie. Ma a questo punto conviene ripetere come queste ottimistiche previsioni siano state pubblicate nel 1911, a tre anni appena dallo scoppio della Prima Guerra Mondiale.

Soltanto noi contemporanei possiamo valutare a pieno le terribili conseguenze di una scienza di questo tipo: ma forse è facile giudicare col senno di poi, dopo aver avuto lo sgradevole *privilegio* di assistere, per esempio, alla Shoa. L'antropologo modenese non parlava con accenti di odio; in politica era peraltro quello che noi chiameremmo un *progressista*, né era assolutamente antisemita; però allo stesso tempo dava il suo piccolo contributo a decenni di barbarie, leggi razziali, guerre quali mai si erano viste.

Ciò che stupisce maggiormente è proprio il tragico contrasto tra il futuro che è stato e quello che Morselli immaginava. Lo studioso teorizzava un domani fatto di esseri armoniosi, intelligenti, sempre più tendenti verso la concordia e la pace; e lo diceva a un passo da uno dei secoli più feroci che la storia abbia conosciuto.

A tre anni dall'inizio del Grande Massacro, Enrico Morselli senza rendersene conto seminava l'odio, e allo stesso tempo si dichiarava più che ottimista per l'avvenire della sua specie.

Non so se il riso o la pietà prevale.

Nota del curatore

La presente opera è un estratto del volume "Antropologia generale - L'Uomo secondo la teoria dell'evoluzione - Lezioni dettate nelle Università di Torino e di Genova (corsi liberi dal 1887 al 1908) dal prof. Enrico Morselli, Direttore della Clinica delle malattie nervose e del Laboratorio di Psicologia sperimentale nell'Università di Genova", pubblicato a Torino nel 1911.

In particolare, è qui riportato il capitolo conclusivo (Lezione Trentesima Quinta, pagg. 1313-1340) preceduto dal paragrafo iniziale del capitolo precedente (Lezione Trentesima Quarta, pagg. 1295-1296). La parte restante di suddetto capitolo, concernente problematiche di anatomia piuttosto particolareggiate, è stata omessa per non appesantire eccessivamente la lettura.

Le illustrazioni sono tratte dalla medesima edizione, così come le relative didascalie.

L'UMANITA' DELL'AVVENIRE

INTRODUZIONE

I naturalisti esatti, che non si avventurano pei campi attraenti, ma infidi, delle ipotesi, dicono che anche quando fosse conosciuta in tutti i particolari la via percorsa da una specie nella sua evoluzione, riuscirebbe sempre azzardosa qualunque previsione sul suo avvenire morfologico e fisiologico, poiché le contingenze della Evoluzione organica sono tali da permettere che le forme viventi, finché sono variabili, assumano nel loro successivo mutarsi una direzione impreveduta. Ma se la prudenza deve sempre accompagnare tutti i concetti scientifici, non è però da escludersi la possibilità di fare dei prognostici sul futuro di un tipo, quando se ne possieda la storia completa e se ne possano seguire le trasformazioni lungo le età geologiche. I naturalisti distinguono, infatti, le forme animali e vegetali in quelle generiche o collettive, che ordinariamente presentano una maggiore variabilità e si suppongono più plastiche sotto la influenza delle condizioni di vita, da quelle ormai troppo specializzate nelle quali il differenziamento adattativo ha raggiunto l'estremo limite, e che non presentano più alcuna presa all'azione dei fattori mesologici: secondo le elegantissime idee sintetizzate da Daniele Rosa, il ciclo di loro possibile evoluzione sarebbe ultimato. Ora, per alcuni antropologi l'Uomo sarebbe da lungo tempo arrivato a questa fase di stabilità organica; per cui, oltre alla imprevedibilità generale delle direzioni verso cui si può incamminare la Evoluzione biologica, esisterebbe per qualsiasi visione del nostro avvenire l'ostacolo della immutabilità ormai raggiunta dal genere umano.

Ma queste riserve, che sono giuste di fronte a certe utopistiche previsioni di carattere romanzesco, e non scientifico apparse nella letteratura imaginativa degli ultimi anni, non vietano all'Antropologia positiva di esaminare il problema dell'avvenire della Umanità sulla conoscenza abbastanza sicura della sua evoluzione passata, sull'accertamento delle variazioni che si effettuano oggi ancora nelle sue strutture e funzioni, infine sull'esame di quello che la preistoria, la storia e la etnografia comparata ci insegnano a riguardo del destino delle sue diverse Razze.

Noi abbiamo veduto che l'Uomo si è formato in una direzione ben definita della Evoluzione sotto la influenza di circostanze particolari di vita, come direbbe Eimer, in una linea diritta. Lungo questa linea, per la generalità d'insieme, se non per le sub-forme particolari, non vi deve essere mai stato arresto, giacché un fattore di grande importanza, quello psichico, ne ha determinato il movimento ascensivo anche quando sotto l'aspetto fisico la nostra ortogenesi pareva aver raggiunto il limite massimo delle variazioni possibili nella forma umana. E non è vero che questa forma si sia rigidamente cristallizzata nei suoi caratteri distintivi. Questo può essere creduto soltanto da coloro che non conoscono a fondo o non apprezzano abbastanza le variazioni che tuttora avvengono nella nostra organizzazione, e che non danno importanza agli effetti evidenti della lotta e della associazione tra le Razze attuali. Senza dubbio, nell'Uomo il differenziamento biologico si è fatto men risentito di quello sociologico, e le popolazioni progrediscono piuttosto nella coltura che non nei caratteri corporei; ma il dominio della Evoluzione mentale sulla fisica non è così assoluto come hanno mostrato di credere biologi insigni quali A. R. Wallace e A. Mosso. Non soltanto l'Uomo presenta quelle variazioni individuali che i sostenitori della teoria delle mutazioni ritengono appena caratteri fluttuanti e perciò indifferenti per la trasformazione della specie, ma noi stessi Europei, cotanto orgogliosi del nostro arcimorfismo, partecipiamo tuttora, sia pure ad insaputa, al continuarsi del progressivo differenziamento antropinico dagli altri Primati; e se volgiamo gli occhi attorno, scorgiamo allargarsi sempre più, mediante l'estinzione delle Razze inferiori e protomorfe, l'intervallo che ci separa dalle specie affini, e preannunziarsi una Umanità costituita esclusivamente dalle sue varietà arcimorfe o superiori. Forse anche noi assisteremmo allo specificarsi ulteriore delle Scimie antropoidi, se queste non corressero il pericolo di venire distrutte dalla crudeltà e imprevidenza umana prima di poterci rendere visibile e tangibile cotale fatto nel loro stato di natura. Quando saranno spariti i generi *Simia, Troglodytes* e *Hylobates,* la distanza fra l'Uomo e gli altri animali apparirà enorme, e solo nei Musei sarà possibile ai lontani nostri nepoti di trovare gli avanzi incompletissimi del ponte che li univa ad *Homo.*

Possiamo pertanto esaminare con serietà il doppio problema dell'avvenire dell'Uomo, sia in riguardo al completarsi incessante del suo adattamento fisico ancora in atto, sia in riguardo alla prevedibile sopravvivenza delle sue forme etniche più alte.

CONCETTO ANTROPOLOGICO DELLA SUPERIORITÀ ED INFERIORITÀ ETNICA

Invano si è voluto recentemente porre in dubbio il concetto antropologico della "inferiorità" etnica: non v'è antropologo competente che possa dubitarne, sopratutto dopo gli ultimi studii sulla promorfologia dei tipi primitivi. Certo, non esiste alcuna razza umana vivente che abbia caratteri pitecoidi, come qualche dilettante di storia naturale o qualche antropologo di giudizio leggero aveva proclamato nei primi tempi del fervore trasformistico. I più miserabili degli Ominidi attualii sotto il punto di vista dello sviluppo, che sono i Pigmei, sono lungi dal presentarci l'Uomo-scimia dei darwinisti popolari; tutta questa mia opera è intesa a dimostrare come si debbano intendere le affinità zoologiche e filogenetiche tra l'Uomo e gli altri Primati. Il Miklucho-Mackay visitando gli Orang-Sakai e gli Orang-Semang di Malacca, i due Sarasin e il Man descrivendo i Vedda e gli Andamanesi, lo Schweinfurth viaggiando fra gli Akka, li trovarono bensì forniti di piccoli cranii e di piccoli corpi, cioè nannocefali e infantili, ma non microcefali né scimieschi nel vero senso della parola.

Però gli antropologi sanno che questi popoli primitivi ci sono enormemente inferiori sotto l'aspetto morfologico e fisiologico, psicologico e sociologico; che non hanno mai avuto né possono avere una storia; e che sono destinati a sparire. Sappiamo inoltre che tra le Razze non pigmoidi, anzi meta- e arcimorfe, ve n'è qualcuna con un numero maggiore di particolarità primitive e di anomalie teriomorfiche. Cosi, esse mancano della curva lombare o l'hanno poco accentuata (Cunningham) e persino inversa, cioè concava in avanti (Turner); il loro bacino e il torace han forme pitecoidi (Bacarisse, Weisgerber); la loro scapola è più larga (Livon); l'omero è meno torto e offre con più frequenza il foro olecranico (Broca,

Una Australiana della N. Galles del sud.

Lo sguardo smarrito, ansioso, di questa donna è tipico di molti selvaggi. Il tatuaggio cicatriziale sul petto e sulle braccia significa iniziazione rituale, ed è eseguito con una scheggia sacra di quarzo o con una conchiglia.

Bataillard); le loro ossa carpali sono spesso saldate (Soemmering) e lo sterno invece suddiviso (Virchow). Quanto al loro cranio, basterà rammentare come porti più spesso la fossetta vermiana (Lombroso) e il processo frontale al pterion (Gruber, Anoutchine); come esse abbiano scarsa proporzione di suture metopiche e di wormiani (Chambellan); e come nella loro serie figuri un numero stragrande di piccole capacità cubiche, cioè inferiori ai 1200 cc. La stessa e ancora più caratteristica inferiorità fu provata nel cervello. Non solo i cervelli degli Australiani e dei Negri presentano delle basse particolarità (v. fra gli altri molti sull'argomento, i lavori del Karplus, in "Arb. d. neurolog. Inst.", Vienna, '02); ma perfino popoli gerarchicamente stimati per la bellezza somatica, quali sono i Polinesiani, hanno palesata una semplicità singolare di tutte le circonvoluzioni, fra cui il tipo frontale a quattro, l'incisura limbica del grande ippocampo, e le pieghe interrompenti la scissura calcarina (Manouvrier, in "Bull. Soc. Anthr.", '92): e questo reperto anatomico prova la inconfutabile relazione tra lo sviluppo del cervello e il grado di civiltà.

Circa questo punto, c'è chi obbietta col Kohlbrugge, che vi sono popoli in possesso d'una capacità cranica talvolta superiore a quella degli Europei senza che abbiano data prova di corrispondente superiorità mentale, e che perciò si giudica male della gerarchia delle Razze dai dati antropologici. Risponderò che la quantità nulla indica se scompagnata dalla conoscenza delle qualità dell'organo, e inoltre che bisogna tener conto oramai di tutto l'insieme dei caratteri distintivi, cioè dei morfo-fisiologici e dei socio-psicologici. Una razza è bassa od alta non soltanto nel corpo, ma pure nella mentalità sua: è alta, sopratutto quando si sa creare una civiltà propria e diffondere attorno a sé una zona di coltura particolare. Lo stesso Kohlbrugge ha enunciata la idea curiosa che non siano caratteri di inferiorità la mobilità dell'alluce, né la larghezza del primo spazio interdigitale del piede, né la preminenza delle arcate sopracciliari, né la sfuggentezza del mento che si veggono nei protomorfi Australiani e nei Vedda, inquantoché, secondo la sua opinione, queste particolarità indicherebbero funzioni più evolute di movimento, o di difesa dell'occhio e della bocca. Ma è chiaro che egli ha dimenticata tutta la lunga serie di processi filogenetici che le ha fatto perdere agli Europei, i quali in compenso hanno acquistato dei differenziamenti assai più adattati a condizioni più vantaggiose di vita. Poiché, neppure è vero quanto lo stesso etnologo olandese afferma in contrasto colle nozioni più accreditate, che cioè i tipi umani considerati primitivi offrano differenziamenti unilaterali più grandi; io non veggo come gli Australiani e i Vedda, da lui citati anche a questo riguardo, rappresentino forme più specificate delle nostre in senso umano! Egli sarebbe stato più nel vero citando i Koin-koin, giacché la steatopigia dei Boscimani e il longininfismo degli Ottentotti sono davvero distintivi particolarissimi: ma siccome appartengono alla sfera delle conformazioni di basso valore evolutivo, quelle particolarità non costituiscono un progresso, né impediscono agli Austro-Africani di sparire davanti all'invasione dei Negri dal Nord e dei Bianchi dal Sud.

Io riconosco benissimo che sul destino delle Razze non influisce soltanto la loro costituzione originaria, ma piuttosto il grado di civiltà, in quanto questa sia un giudizioso sfruttamento delle risorse naturali e una lotta contro gli agenti esterni. I popoli cacciatori, per primi, sono condannati ad estinguersi se non sanno adattarsi ai mutamenti indotti dalle vicende geologiche, o dalle colonizzazioni vicine, nel territorio che sono abituati nomadicamente a sfruttare. Lo Schoolcraft calcolò che ad ogni Pellerossa occorreva un territorio di 78 miglia; Fitz Roy ne assegnava 68 a ciascun Patagone, e Oldfield 58 a ciascun Australiano. Ma il raggiungere quello stadio di civiltà che porta i popoli a stabilirsi in una zona di paese, e ad utilizzarla pensatamente mercè l'agricoltura; che li concentra in aggregati sempre più suddivisi in classi dall'organizzazione sociale, e sempre più solidali fra loro in vista del commercio; che li rende più potenti sulla natura esterna mediante le invenzioni empiriche o scientifiche applicate all'industria, non è forse un effetto della loro originaria capacità di evoluzione? Vogliasi o no attribuire all'istinto migratorio lo svolgimento delle Razze, è irrefragabilmente provato che le popolazioni ferme debbono la loro stazionarietà, non sempre a ostacoli naturali, ma a una vera e propria deficienza nativa.

D'altronde, la inferiorità delle Razze, più che dal loro somatismo e dal regime di vita, è segnata dallo stato e dallo sviluppo della mente. La psicologia dei popoli urali, da T. Waitz e da E. Tylor in poi, è stata dipinta nelle sue linee caratteristiche, e queste rimangono anche se dovesse dichiararsi, come pretendono certi sociologi egualitari in antropologia, il fallimento della psicologia etnica tentata dai Letourneau e dai Fouillée. Gli "inferiori", siano individui siano popoli e razze, intellettualmente vivono soltanto di sensazioni, hanno associazioni ideative in prevalenza sensorio-concrete, e sono incapaci di astrazione: tutto il loro pensiero è realistico, così nel contenuto come nella forma, per es. nel linguaggio, nella numerazione, nelle manifestazioni artistiche, nei concetti religiosi: essi si trovano ancora, sotto molti riguardi, nel periodo "prelogico" della mentalità. Nella vita affettiva non ci è elevatezza maggiore: i sentimenti fondamentali, il sessuale e l'egoistico-conservativo, sono i dominanti, quelli che guidano la condotta; povero è il senso estetico, o, se esiste, si rivela con forme semplici e barocche; scarso, per lo più, è il senso etico, o, se raggiunse un certo grado, ha sempre un che d'ingenuo, di puerile. Fiacca è la volontà: quasi tutti gli inferiori sono poltroni, e la frode, la menzogna, l'accidia, la crudeltà, la paura, la sciocca vanità, l'avidità, la servitù, la fatua imitazione, la superstizione più insulsa sono le caratteristiche della loro "personalità", la quale perciò è sempre pòco evoluta e si disgrega facilmente. L'individuo, del resto, è mentalmente sempre lo schiavo delle rappresentazioni ed emozioni collettive (Lévy-Bruhl). La veduta dell'Universo è indicibilmente fatua: nella religione domina, e a lungo si mantiene latente sotto altre parvenze, l'animismo primordiale, di cui la paura dei morti è il pernio (Tylor, Frazer) : il mondo è antropomorficamente inteso e sentito. E la morale, quando è nata coi legami di famiglia e cogli interessi della collettività, non oltrepassa la cerchia della simpatia fra i simili più strettamente affini che compongono il clan, la tribù: al di fuori di questa, tutto è permesso, ma anche nell'aggregato è debole l'organizzazione sociale (cfr. Schultze, *Psychol. d. Naturvölker,* Lipsia, '00; Wundt, loc. cit. ; Lévy- Bruhl, *Fonctions mentales des Sociétés inférieures,* Parigi, '10).

LA ESTINZIONE DEI TIPI ETNICI INFERIORI ("PROTOMORFI")

Noi assistiamo oggi consapevolmente, ma quasi con indifferenza, a un grande fatto etnologico e storico, che pur avrà una portata enorme per i destini dell'Umanità: ed è la scomparsa delle popolazioni e razze antropologicamente inferiori. Il fatto si è certamente verificato in proporzioni maggiori nei tempi primitivi, quando la lotta fra i gruppi umani era più aspra e feroce; però oggi, che la conoscenza degli Ominidi disseminati sulla Terra è più inoltrata, oggi che un sentimento umano di simpatia comincia a vincolarci con tutti i nostri simili, noi dovremmo essere addolorati per questo ineluttabile fenomeno anche sotto l'aspetto conoscitivo. Lo esterminio di molte varietà umane di sommo interesse per la scienza tornerà ad ottenebrare di nuovo agli occhi dei nostri discendenti il problema della posizione dell'Uomo nella natura, poi che mancheranno per sempre i testimoni del processo evolutivo da lui superato.

Per migliaia di anni e di secoli la parte più eletta o più adatta della Umanità ha decisa, con fredda ma inconscia crudeltà, la sfortuna dei gruppi etnici più deboli e disadatti: questi scomparivano senza lasciar traccia di sé nella serie zooantropologica, e ancora meno nella storia della civiltà. È assai probabile, per non dir certo, che le Razze umane isolatesi e differenziatesi nei primitivi tempi sieno state ancor più numerose delle presenti, e che nella lotta per la vita, nella selezione naturale, nel progressivo elevarsi della forma umana verso l'attuale sua condizione, un numero incalcolabile di varietà antropiniche non sia riuscita a stabilirsi. Noi abbiamo veduto che i Neanderthaliani scomparvero durante il quaternario d'Europa; ma la morte dei Tasmaniani e dei Negriti Kelang appartiene alla storia di ieri, mentre l'agonia dei Pellirosse d'America, degli indigeni di Australia, d'un gran numero di altri popoli primitivi si compie sotto i nostri occhi.

Il Darwin aveva già segnalata la estinzione di quelle Razze, che appunto in ragione della loro debilità fisica, corrispondente in generale alla bassa costituzione psichica e al povero grado di coltura, gli antropologi designavano da lungo tempo col nome di "primitive" o "inferiori", e che ora mal si dicono "protomorfe". Le Razze possono estinguersi in modo violento, sopratutto quando sono poco numerose e vivono in ambienti ristretti, dai quali non v'è scampo di fronte alla invasione vittoriosa di altre razze; ma per lo più esse muoiono con una certa lentezza. O degenerano per un insieme di influenze patologiche, fra cui sono le malattie contagiose importate e le abitudini poco igieniche contratte per imitazione, quali sarebbero la sifilide, l'alcoolismo, l'oppiofagismo; oppure si estinguono per decomposizione dei loro caratteri sotto l'influenza di mutate condizioni di vita; o finalmente si dileguano per trasfusione dei loro elementi in qualche razza nuova e molto diversa, con cui siano venute in contatto, e che per lo più, essendo meglio specificata, le assorbe e le sopraffà nella trasmissione dei caratteri ai discendenti meticci.

Notevole influenza sulla sorte delle Razze ha l'abitato; e gli etnologi odierni giustamente ritengono che i piccoli gruppi attuali, quelli che definiamo come "formazioni paleomorfe", siano i residui di popoli protomorfi sempre respinti verso le regioni meno adatte allo sviluppo umano; mentre in generale lo spazio rimane aperto, sia pure in terre non sempre fertili, agli Ominidi di razza superiore o arcimorfa, cioè ai produttori e trasportatori della più alta coltura. Spesso la lotta con un ambiente poco felice, purché non sia troppo circoscritto, ha giovato alla evoluzione umana: esempio mirabile gli antichi Greci e gli stessi Romani. Ma non si può negare che gli attuali abitatori delle contrade men favorite non vadano scemando di continuo. Non intendo punto di presentare il quadro etnografico completo di tutte queste razze e popolazioni condannate a sicura morte: basterà pel mio scopo un breve cenno su alcune delle più caratteristiche.

Fra gli esempi tipici da citare vi è anzitutto lo spopolamento della Polinesia. Nelle isole Marchesi, visitate dal Cook nel 1773, egli valutava gli indigeni a 100.000; ma nel 1838 erano scesi a 25.000, nel '56 lo Jouan li calcolava in 12.500, ed il Clavel nell'83, con un censimento regolarissimo, ne enumerava appena 4865, calati undici anni di poi di qualche altro centinaio. Eppure, son gente magnifica, spesso di forme atletiche, e si convertirono anche al Cristianesimo; ma la mortalità del

William Lane, l'ultimo dei Tasmaniani.

Il Lane, che era marinaio, morì nel 1869 nell'isola Flinders.

39%, le orgie sessuali, in cui ogni donna è posseduta dall'intera tribù, l'uso della kawa, che è bevanda anafrodisiaca, la tubercolosi, la lebbra, il vaiuolo, il cannibalismo d'un tempo, più assai della sifilide che era quasi ignota al principio del secolo XIX, hanno prodotto, con la sterilità e la degenerazione etnica, quell'enorme spopolamento (vedi "Bull. Soc. Anthrop.", Parigi, '84; e l' "Anthr.", '98). Lo stesso fatto colpisce gli indigeni dell'Arcipelago Gambier, che da 2141 quanti erano nel '38, si trovavano ridotti per scrofola e gracilità congenita a soli 480 nell'81; e colpisce anche i Neo-Zelandesi, gli Hawajani, e altri insulari orientali, tranne forse i soli Samoani, per quanto appaiano tutti forniti di buone doti fisiche e morali. I Maori, che erano circa 100.000 nel 1840 si trovavano ridotti a 39.830 nel '96, e saranno a quest'ora anche meno numerosi; e gli Hawajani in soli sei anni, cioè dal '90 al '96, passarono dal censimento di 34.436 a quello di 31.019, calando cioè del 14% all'anno! Ancor più rapida è la scomparsa dei Morioni delle Is. Chatham.

Per riguardo agli Australiani, si potrebbe supporre, da quanto ho detto altrove, che essi sieno suscettibili di una ulteriore evoluzione verso tipi più alti di civiltà; ma lo impedisce la loro bassa struttura antropologica. Non altrimenti ci spieghiamo la loro poca resistenza al contatto della nostra civiltà, e la loro completa incapacità di incivilirsi; perciò inevitabilmente spariranno. Si è pensato che questa scomparsa fosse dovuta alla operazione della *mika* (apertura nel canale uretrale o sua spaccatura) messa in uso da molte tribù miserabili per ostacolare il soverchio incremento della popolazione in un territorio sterile; ma poi si è visto che essa è praticata talvolta per aumentare la voluttà (Micklucho-Mackay), e che forse è in relazione con credenze religiose (Purcell). Checché sia di ciò, l'Australiana è una razza che si suicida, come rivela la preponderanza abnorme delle nascite maschili sulle femminili. Nella Nuova Galles del Sud gli aborigeni erano calcolati nel 1800 a oltre 100.000, nel '61 eran ridotti a 15.000 e nel 1901 a soli 7400, dei quali quasi la metà era meticcia: orbene, nel '91 i maschi erano 4559 e le femmine 3721. Nel territorio di Adelaide, dal 1901 al '05, quegli interessantissimi naturali che furon detti di tipo "neanderthaloide" hanno avuto solo 86 nascite contro 298 morti, in totale diminuiscono di 50 all'anno. Si può dunque prevedere che gli Australiani, non ostante la tutela dei coloni Inglesi che mirano ad europeizzarli e a farsene degli ausiliarii nell'agricoltura e pastorizia, si estingueranno fra poco tempo come i loro vicini, i Tasmaniani.

Si sa come finirono violentemente gli indigeni della Tasmania, questa isola ben situata e di clima eccellente. Dal 1804, in cui gli Inglesi se ne impadronirono, al '76 in cui morì Truganina, l'ultima delle Tasmaniane, la così detta civiltà Europea, col pretesto capzioso di una loro rivolta, li distrusse completamente e barbaramente: non è ignoto infatti che nella terribile "guerra nera" furono adoperati i mastini per dar loro la caccia! Quando gli indigeni scampati alla strage furono deportati all'isola Flinders essi erano solo 200, e si tentò allora di salvarli mantenendoli a spese dello Stato; ma la nostalgia dell'antica libertà, la perdita d'ogni attività spontanea, le epidemie li decimarono così presto, che nel '47 eran ridotti a soli 44; e la razza, che al principio del secolo XIX rappresentava ancora l'antica coltura eo-archeolitica, scomparve del tutto in meno di trenta anni.

Per i Sarasin i Vedda di Ceylon rappresentano un tipo primitivo, anzi un gruppo fossile vivente dell'Umanità, e insieme con altre popolazioni selvaggie e nere dell'India, i Kurarnba e Irulas dei Nilghiri, forse coi Brahui del Belutchistan, coi Miao-tse della Cina, colle tribù protomorfiche sparse in Malacca, coi Toala delle Gelebes, coi Mincopii delle Andamane e cogli Aeta di Lucon nelle Filippine, costituiscono gli avanzi di una antica Umanità Veddaica, l'*Homo Weddalis* di Haeckel, che ha lasciato traccie estese su ben quaranta gradi di longitudine, e che ora sta inesorabilmente morendo (cfr. *Ueber d. niedersten Menschenformen,* Friburgo, '08). I Vedda erano 1891 ridotti a soli 2228, e i più puri, quelli non costieri, ma vaganti pei boschi, non si contavano a più di 200! Lo stesso destino colpisce gli Orang-Semang, gli Orang-Sakai e i Senoi di Malacca, i Kuba di Sumatra, parecchie tribù dei quali soggiacciono a incrociamenti che li trasformano a poco a poco nel tipo Malese o nel Siamese, mentre i più puri sono a mala pena salvati dalla loro vita silvestre e dal loro isolamento; ma anch'essi, pur scampando agilmente dalle razzie dei Malesi coll'arrampicarsi sugli alberi, come fanno le Scimie, non dureranno di troppo. E i Mincopii delle Andamane, malgrado la loro bontà d'animo e la loro abilità nautica, non sono forse un tipo primitivo, con copiose infantilità fisiche e mentali, che si dilegua al contatto della civiltà? Non solo questa li deprava nel morale, portandoli bere, ma sembra esercitare su di essi un'azione dissolvente: essi muoiono principalmente di tisi o di epidemie, sebbene abbiano una medicina molto complessa e non tutta superstiziosa: frequente è l'epilessia. La media lunghezza della

Una fanciulla polinesiana delle Is. Samoa.

Le Is. Samoa stanno nel centro del Pacifico, e i loro abitanti sono, coi Tongani, dei Polinesiani quasi puri, cioè con qualche miscela di sangue melanesiano dalle vicine Is. Viti e Figi.

loro vita è di appena 22 anni, di guisa che l'estremo della vecchiaia cade verso i 50 anni; nonostante questa precocissima senilità, la loro pubertà è tardiva; i matrimonii sono precoci, ma la fecondità muliebre è limitata; le nascite femminili predominano sulle maschili, difficilissimo è l'incrociamento con altre razze, ma anche se avviene non si produrrà mai un tipo meticcio, perché i Mincopii uccidono il prodotto delle unioni esogamiche.

I Boscimani dell'Africa australe si trovano sempre più ristretti su di un'area dove la mancanza dell'acqua rende loro la vita pressoché intollerabile. Quei poveri nomadi, spinti dalla fame e dal bisogno, non hanno tetto né letto: essi vivono in uno stato di continuo terrore che impedisce ogni organizzazione sociale. Respinti dai Cafri e Bantu al nord, dai coloni Olandesi ed Inglesi al sud, accanitamente perseguitati dagli Europei che loro movevano facile guerra organizzando spedizioni notturne al chiaro di luna, i "Sân" (così vengono chiamati dai loro vicini) sono in continua diminuzione: si calcolavano pochi anni fa a 50.000, ma certo sono ormai poco più di 5000; e si prevede il prossimo esterminio di questa razza che è forse più brutta e repugnante nell'aspetto di tutta la presente Umanità, ma che per le sue particolarità straordinarie meriterebbe di essere conservata. Diminuiscono contemporaneamente i popoli Sudafricani affini, gli Ottentotti e Namaqua, sebbene occupino un territorio meno infelice e più vasto, e siano ancora 70.000. E sempre restando nell'Africa, è già segnato il destino de' suoi Pigmei sparsi in tutto il centro e conosciuti da così poco tempo, cioè degli Akka o Tiki-tiki nell'alto Nilo, dei Wuambutti o Batua nella regione forestale dei fiumi Congo e Arouwimi, degli Akoa nel Gabon, dei M'Boulo e Obongo nel bacino dell'Ogooué, dei Doko nell'Abissinia meridionale, ecc. Il Gombet ha detto giustamente: "essi stanno per morire, affrettiamoci a studiarli" (cfr. *De Pygmaeis Africanis,* Tesi, Nancy, '03). Tutti questi piccoli Ominidi, dal corpo infantile e lanugginoso — che pur sono dotati in genere di vivace intelligenza e di senso artistico, sanno foggiare il ferro, sono coraggiosi e svelti, e lottano con ammirabile intrepidità contro gli altri popoli finitimi e contro le fiere del loro abitato — finiranno coll'essere soffocati da Negri, Arabi ed Europei conquistatori e colonizzatori; in quelle foreste fino a poco fa impenetrabili l'avanzata dei grandi segnerà l'estinzione completa dei nani, che Erodoto conobbe di fama e che in tempo antico, cioè fino dal mesolitico, erano tanto diffusi su tutta la zona calda temperata del Vecchio Mondo: essi possono dirsi i rudimenti atrofici di un antico assetto etnologico dell'Ecumene.

Ma contemporaneamente spariranno tutte le popolazioni protomorfe sia al nord dell' Ecumene stesso, sia in tutte le contrade del Nuovo Continente. Forse dureranno un po' più a lungo i Lapponi, sebbene oggi non superino il numero di 30.000, perché si trovano a contatto con popoli altamente civili ed umani come gli Scandinavi e i Finlandesi. L'ingrato clima della loro regione salverà forse anche i Samoiedi e i Yucagiri, i Tungusi e i Giutchi, anche perché questi ultimi mostrano una certa attività di espansione. Ma gli Aino si trovan sempre più ricacciati al nord dai Giapponesi, e già calan di numero. Gli stessi Eschimesi sono in diminuzione, quantunque in America dispongano nel loro nomadismo di un'immensa quantità di terre poco desiderate dai Bianchi: non solo il salire di questi oltre al circolo polare diminuirà sempre più le loro risorse di pesca, ma lo stesso loro regime di vita ne abbrevia l'esistenza, li invecchia prestissimo, li espone ad una mortalità spaventosa per malattie broncopolmonari o per accidenti di caccia. Si fa troppo a fidanza sull'adattamento, che certo appare eccezionale, per organismi umani, degli Yuiti, Innuiti e Samojedi al loro clima: il fatto sta che spesso il rigore degli inverni ne distrugge interi villaggi.

È pure notorio, e di vecchia data ed esperienza, il fatto della scomparsa progressiva degli indigeni d'America davanti all'espansione delle Razze Bianca e Negra. Nel Nord, dove gran parte delle loro tribù vivevano di caccia nelle vaste praterie continentali di Occidente, essi potettero per qualche tempo mantenersi, perché l'onda europea non li raggiunse; ma poi anche il "Far-West" fu invaso dai Bianchi, e la lotta tra le razze fu decisa in favore di quella meglio fornita di armi. Oggidì gli Indiani, dopo avere tentato nelle rivolte sanguinose del 1811, '35 e '42 di riprendere il loro antico dominio, non sopravvivono per lo più che in territorii di "Riserva" loro assegnati dagli Stati-Uniti; ma privi come sono degli antichi mezzi di sussistenza, costretti entro limiti sempre più piccoli, i fieri "Pellirosse" vanno lentamente estinguendosi anche dove essi hanno accettato a malincuore di incivilirsi. Nel '92 ve n'erano appena 13.000 di indomabili, mentre i circoscritti e sussidiati dall'erario salivano ancora a 250.000; ma oggi che i loro territorii riservati sono avidamente desiderati e a quando a quando violentemente invasi dai coloni Yankee, come or è poco avvenne nell'Oregon, gli stenti di vita degli Indiani andranno cre-

Un capo Dakota della tribu delle “Teste-corte”.

I Dakota o Siù, ridotti ora su poco territorio
nelle «Riserve» centrali, occupavano prima tutto il bacino
del Missouri, ma provenivano dalle contrade Alleganiche dell’Est.

scendo. Essi già vivono assai male anche nell'Arizona e nel Nuovo Messico [or ora elevati al grado di "Stati" nella Confederazione], cioè là dove i loro antenati erano riusciti a dar prova di capacità mentale degna quasi degli Arcimorfi, fondando le perdute civiltà dei costruttori di *mounds* e di "pueblo". Ovunque la mortalità degli Indiani è grandissima, sopratutto per tisi, cosicché pochissimi fortunati raggiungono la vecchiaia: tutti si sono dati all'alcoolismo che ne affretta la degenerazione. Migliore è stata la sorte degli Indigeni dell'America Centrale e del Sud, i quali diggià s'erano mostrati capaci di costituirsi a nazione fondando delle civiltà abbastanza evolute come quelle degli Aztechi e degli Incas, ma così poco organiche che si sono sfasciate al primo urto di pochi avventurieri Spagnuoli. Venuti di poi a contatto con gli Europei, gli Amerindi hanno potuto in molti luoghi incrociarsi con questi e prender parte allo sviluppo delle nazionalità della così detta "America Latina". Però anche al Sud vi sono popolazioni indigene meno suscettibili di "metamorfizzarsi" e di incivilirsi, le quali mostrano un innegabile principio di estinzione. Ricorderò i Botocudi del Brasile, poligami, cannibali, di debole intelligenza, e dal linguaggio povero di espedienti (Keane). Invano si è tentato di addomesticarli; le relazioni coi piccoli centri di civiltà fondati dai missionarii non hanno per nulla mutate le loro abitudini: resisteranno all'avanzarsi degli elementi etnici puri o meticci capaci di sviluppo, che tutt'attorno li premono, soltanto finché lo permetterà la impenetrabilità e selvatichezza del loro ambiente forestale. E solo per la inaccessibilità della lor sede potranno difendersi contro il destino altre popolazioni indigene dell'interno, fra cui i Nani scoperti dal Sullivan nelle regioni dell'Alto Amazzone e dell'Orenoco, analoghi ai pigmoidi equatoriali. Del resto, lo spirito di indipendenza degli stessi Araueani, dei Gaucho e dei Patagoni non li salva da una perpetua riduzione dei loro territorii, e con ciò da una causa potentissima di estinzione per tutte le razze poco propense alla stabilità di sede e alla regolarità del lavoro. Nell'estremo Sud i selvaticissimi Fuegini, viventi ancora nell'epoca neolitica, sono decimati dalla durezza del clima, contro il quale non hanno mai saputo lottare: essi pure si sono mostrati disadatti a nuova civiltà: dopo ogni tentativo di educazione, ricaddero sempre nella loro invincibile selvatichezza.

Questa regressione dei primitivi "istruiti ed educati" alla Europea è, d'altronde, un fenomeno molto comune. Gli Australiani europeizzati tornano volentieri a vivere nella loro antica miseria; il bosco li attira, e per lungo tempo disertarono le case che loro si regalavano per costruirsi gli abituali ripari di frasche (Lesson, Péron). La stessa prova fatta cogli Andamani non ha dato diverso risultato; l'esistenza civile non tarda a farli ammalare (Mouat, Tycler): e il fenomeno si è ripetuto per i Negriti delle Filippine (Montano).

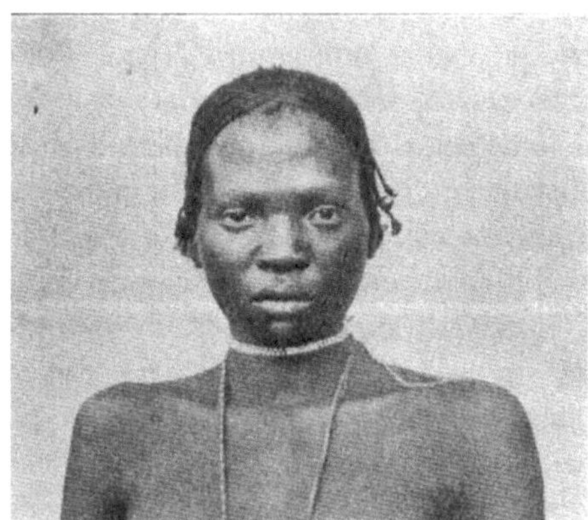

Fanciulla negra del popolo Bari.

I Negri Bari vivono sulla riva destra dell'Alto Nilo, e sono alti, slanciati, forti, intelligenti, sedentarii e agricoltori: rappresentano cioè un grado «culturale» abbastanza elevato.

LA LOTTA PER L'ETNARCHIA FRA LE RAZZE SUPERIORI ("ARCIMORFE")

L'AVVENIRE DELLE TRE GRANDI RAZZE-STIPITI

L'Antropologia odierna, così nelle sue tendenze dottrinali come nei suoi accertamenti positivi, è tutta rivolta a provare erroneo l'asserto di quei suoi cultori ottimisti, come l'Hale, che giudicano eguali tulle le Razze umane sotto il riguardo della perfettibilità, e dicono che il selvaggio è tale per ragioni di lotta per la vita. È noto il calore di convincimento, se non la profondità di nozioni tecniche, con cui alcuni sociologi di incontestabile valore o brio nel loro campo speciale hanno blandito codesto ottimismo indulgente verso le varietà inferiori dell'Umanità. Eppure, non solo la disuguaglianza originaria ci è provata dalle differenze di conformazione e di struttura; essa ci viene altresì irrefragabilmente dimostrata dal fatto che vi sono razze passive di fronte al loro ambiente ed altre che sono in grado di lottare. Che anzi si può dire con Yves Guyot, che l'Uomo è tanto più evoluto, quanto più deve e sa opporre la propria energia fisica e mentale contro le difficoltà della esistenza.

Senza dubbio la distribuzione geografica naturale, o forzata, delle Razze influisce sul loro destino, e lo vedemmo: gli ambienti troppo ristretti od ineguali, che non offrono presa alla iniziativa umana, ne impediscono d'ordinario lo sviluppo e le mantengono in una condizione di inferiorità fisica e mentale, causandone anche o affrettandone la degenerazione e la scomparsa; al contrario, la larghezza e la continuità dello spazio, la fertilità del suolo e la sua attitudine allo sfruttamento sono fattori di conservazione e di espansione dei tipi etnici. Ciò però non porta a concludere che le Razze umane sopravvivano e fioriscano per pura selezione naturale dominata dai fattori fisici. Io ammetto benissimo che l'antropologo deve tener gran conto dei fattori psico-sociali, cioè dei poteri intellettuali, della resistenza volitiva, della coscienza nei proprii destini, senza di che qualsiasi razza in lotta con un ambiente poco favorevole finisce coll'esserne sopraffatta. Ma anche sotto tale aspetto la disparità fra le Razze preistoriche, storiche e attuali è innegabile; esse sono separate da lacune che nessuna influenza fisica o morale poteva o potrebbe riempire, che nessun ottimismo politico può negare.

Negli ultimi anni si è discusso lungamente e con calore sulla "superiorità" e "inferiorità" delle tre grandi Razze arcimorfe, le quali indubbiamente saranno le sole che sopravviveranno quando le protomorfe e le metamorfe di grado basso e medio saranno scomparse: è prevedibile che di qui a non molto Negri, Gialli e Bianchi vie più numerosi si troveranno di fronte. Ora, io penso che la questione meriti di essere attentamente considerata. Qui infatti si è visto il fenomeno curioso che contro alle negazioni antropologiche alcuni studiosi di sociologia, incompetenti o poco meno in biologia, hanno preteso che non esistessero Razze inferiori, e che tutti gli Uomini, di pelle bianca o di pelle colorata, di capigliatura lanosa o liscia o ricciuta, fossero egualmente perfettibili (Novicow, Finot, Stead). — Ma per fortuna, in riguardo alla costituzione fisica degli Ominidi, la Antropologia ne stabilisce una gerarchia quasi sicura studiando la loro variabilità e la loro adattabilità a nuove condizioni di vita: sono "superiori" in ogni tempo ed in ogni regione le Razze provvedute di plasticità adattativa e di elasticità mentale, anche quando abbiano raggiunto un grado avanzato di evoluzione; sono invece "inferiori" quelle che si sono fissate per soverchia specificazione, o che serbano soltanto una variabilità organica spontanea. — E per ciò che concerne la costituzione mentale, la Etnografia ci prova che se tutte le Razze, partite da uno stato animalesco, tendono ad allontanarsene e ad acquistare durante i secoli una mentalità sempre più umana, non progrediscono veramente se non quelle che si sono formate e prefisse un ideale di esistenza, inquantoché si è in esse costituita una specie di coscienza collettiva con una volontà capace di sforzi altrettanto collettivi. Ma pur fra queste Razze privilegiate le vie prescelte per raggiungere il detto ideale sono differenti, e la velocità del loro cammino è ineguale; sarebbe assurdo il non riconoscerlo. Studiando le vicende storiche delle genti, si è accertato ancora questo fatto: certi gruppi etnici si sono incamminati verso una civiltà superiore, sia per impulso autonomo, sia per contatto ed imitazione di

Un Cafro Ama-Zulu del Sud-Africa.

È questi il famoso re Cettivaio, l'eroe della sua schiatta,
fatto prigioniero nel 1879 dagli Inglesi e morto esule nell'84.

altri gruppi superiori, ma poi si sono arrestati o non hanno potuto completamente assimilarsi un grado di coltura inadeguato alla loro natura originaria.

Il processo trasformativo dell'Umanità in riguardo alle sue divisioni etniche può essere formulato nel modo seguente: — *pluralità* assai grande di specie, sub-specie o razze nel passato più remoto; *diminuzione* del loro numero nel passato meno lontano; *riduzione* ancora più risentita nel presente e nell'avvenire prossimo; *dualità,* e fors'anco *unità* nell'avvenire più lontano. — Ora, in questo processo riduttivo noi dobbiamo scorgere semplicemente un effetto naturale di quella lotta per la egemonia che si combatte da secoli fra i tipi etnici più adatti ed evoluti. Nessun antropologo competente imagina che i tre maggiori tipi o tronchi dell'Umanità presente debbano avere lo stesso destino; l'espansione in sempre più vaste porzioni del globo, il dominio delle forze naturali, la coltura, il benessere sempre più diffuso, lo sviluppo delle scienze, delle arti, delle industrie, dei commerci, li dispongono in una gradazione calante che appare irriducibile: dal Bianco al Giallo, dal Giallo al Negro. Potranno forse crearsi tipi misti leuco-xantodermici, melano-leucodermici e xanto-melanodermici destinati a qualche parziale successo; ma la etnarchia, che natura ci pone davanti, è quella, e non altra: non è fare sfoggio di soverchia fantasia prevedere il destino inferiore dei Melanodermi.

Un Negro molto intelligente, che era anche un dotto stimato, Firmin Didot, ha sostenuto naturalmente l'eguaglianza della sua razza alle altre due: ma la Antropologia, la Etnografia e la Storia vanno d'accordo nel dimostrare che il Negro d'Africa e d'Oceania non ha la stessa nostra forma corporea, non ha le nostre attitudini mentali, non ha il medesimo concetto della vita. Che se esso ha potuto qua e là organizzarsi socialmente in forme barbariche, o con larve mimetiche di civiltà (informi lo Stato di Liberia), non ha mai fatto una sola invenzione, non ha contribuito con una sola idea nuova al patrimonio intellettuale dell' Umanità; men che mai ha avuto né poteva avere azione o parte veruna nel movimento religioso, morale e filosofico. Non per nulla il cervello del Negro, anche se "incivilito", ha offerto al Bennett-Bean una grande ristrettezza e semplicità dei lobi frontali in confronto a quello Europeo (v. in "Amer. J. f. Anat.", '05). L'adattamento dei Negri d'Africa al loro mezzo geografico è di puro carattere biologico. Il Negro può andar nudo in pieno sole, quando il termometro infisso nel terreno segna 70°, perché la sua pelle pigmentata, glabra e ricca di organi ghiandolari gli permette di non morire di insolazione; egli respira in un'aria straordinariamente secca e calda, o calda ed umida, perché la sua mucosa bronchiale si è fatta più resistente; egli beve acque putride e vive in climi infestati dalla malaria e da cento altre infezioni micidiali agli individui d'altra razza, perché ha acquistato una immunità particolare; egli soggiace senza pene a lunghi digiuni, perché il suo stomaco è in grado di restringersi e di allargarsi assai più del nostro. Tutte queste facoltà fisiche di adattamento permettono di sicuro al Negro trasportato od immigrato in altri paesi di clima uguale al suo, di mantenervisi ed anche di moltiplicarvisi, come si è visto agli Stati-Uniti. Ma coloro che proclamano la perfettibilità del Negro basandosi su codesta prosperità organica, non dovrebbero poi trarne la conclusione che esso sia suscettibile di incivilirsi per proprio potere di evoluzione. Messi a contatto colla civiltà europea, i Negri sanno benissimo sfruttarla per quella facoltà imitativa che sempre è grande negli inferiori, ma il più spesso non ne copiano che i lati peggiori, fra cui il vizio, l'alcoolismo, la cupidigia più grossolana, la menzogna.

In riguardo ai così detti Afro-americani, che vengono citati dai sociologi ottimisti, io mi sono espresso invece apertamente in senso pessimistico inspiratomi dall'esame imparziale dei documenti. Non giova badare alle statistiche, che proverebbero l'incremento numerico dei Negri e mulatti in varii Stati meridionali dell'Unione, né fermarsi sul fatto che alcuni di essi, favoriti da contingenze peculiari, raggiungono una eccellente posizione sociale. È assodato che i Negri rappresentano sempre, ovunque vadano, nell'America Inglese come nella Latina, alle Antille come in Oceania, un elemento di poco valore sotto il quadruplo aspetto biologico, economico, intellettuale e morale (cfr. la mia prefazione al libro di Mondaini: *La questione dei Negri,* ecc., Torino, '98). Anche in mezzo alla civiltà americana la loro criminalità è di natura atavica, cioè sanguinaria, e si mantiene immutata non ostante i progressi apparenti nelle scuole (Fehlinger): e mentre la loro debolezza di costituzione fisica è dimostrata dalla mortalità del 29-30% contro il 17-19% dei Bianchi (Hoffmann, *Race tracts a. ten-dences of t. Amer. Negro,* '96), la loro inferiorità psichica è stata messa in evidenza dagli esperimenti del Thomas che li ha trovati mancanti del potere di generalizzazione (cfr. in "Z. f. Socialwiss.", '04).

Si cerca di giustificare questi fatti avvertendo che nella compagine degli Stati-Uniti, sebben libera e democratica, i figli e i nipoti degli antichi schiavi incontrano difficoltà enormi per poter prendere parte al progresso comune. Ma alla Giamaica i Negri sono del tutto liberi, sino ad essere i padroni del paese: quale contributo hanno recato alla civiltà centramericana? Nella stessa loro patria, nel Continente nero, quando si studiino le "cerchie di civiltà" che vi si son potute formare, quella propriamente Nigritica appare così povera di risorse nella sua orticoltura attorno ai villaggi, così priva di idee elevate nel suo stupido feticismo, da condurre l'Ackermann a dire che su tutto quell'immenso triangolo di terre vi sono state soltanto due efflorescenze "culturali", la Camitica degli antichi Egiziani, la Semitica degli Arabi; ma ambedue appartengono al ramo melanocroico del tronco Bianco (cfr. in "Z. f. Ethnol.", '05): anzi si potrebbe affermare che la miscela di sangue nigritico forse operò in senso inibitorio sullo slancio degli Egizii verso il Mediterraneo, sulla rapida decadenza degli Islamiti. Presentemente Europei, Arabi e Berberi sospingono gli elementi Negri dalle coste verso l'interno, preparando loro la sorte che essi fecero subire ai Pigmei protomorfi: salvo qualche rara prova di coraggio dovuta all'iniziativa individuale di guerrieri come Zimbo e Cettivaio, i Negri si prestano a subire un vassallaggio quasi ignominioso, poco dimostrativo della loro perfettibilità. Vano è dunque sperare che nella stessa Africa l'etnarchia possa spettar mai ai nativi Melanodermi: questi diverranno col tempo una minoranza vieppiù ridotta di fronte all'espansione dei Leuco- e degli Xanto-dermi: che se dovessero avvenire incrocii fra questi elementi sulle terre equatoriali, la creolizzazione africana terminerà sempre col predominio del sangue bianco che ovunque trionfa.

Scomparsi gli Australiani e gli altri Oceanici, Polinesii e Melanesii, estinti tutti i Pigmei, sempre più assimilati i Malesi dalle infiltrazioni Mongolo-Caucasoidi, distrutti gli ultimi Pellirosse, i Leucodermi domineranno sui quattro quinti della superficie terrestre. L'America del Nord e l'Australia saranno tra poco completamente europeizzate; nell'America del Sud le razze meticcie che ivi si formano adesso, tenderanno sempre più al tipo originario europeo, quanto meno sarà il contributo dell'elemento indigeno; l'orlo meridionale e l'orlo settentrionale dell'Asia, e la sua parte occidentale son già territorio dei Caucasici, ma il dominio dei Russi accrescerà quel cuneo di Bianchi che già divide i Mongoloidi nordici da quelli centro-orientali. E allora si avrà l'Ecumene tutto diviso o almeno dominato da due sole Razze-stipiti: la Bianca e la Gialla.

Pochi anni or sono si è forse esagerato il così detto "pericolo giallo" prospettato agli occhi di alcuni sociologi dalle vittorie dei Giapponesi sui Russi (guerra del 1904) e dalla continua, paziente infiltrazione di proletari Cinesi in tutte le regioni dove si richiede la mano d'opera a buon mercato (cfr. Novicow, *L'avenir de la Race Bianche,* '97). E fuor d'ogni dubbio la razza Mongolica, che già è stata capace di crearsi delle civiltà proprie nei tempi passati, potrà produrne delle altre; oppure, venuta a conoscenza della civiltà europea, potrà imitarla con frettolosa fortuna, farla sua e magari rinvigorirla con le attitudini particolari della propria mentalità, come succede oggi dei Giapponesi. Ma l'antropologo non si lascia impressionare da questi slanci straordinarii, giacché nello stesso tempo scorge nei Cinesi qualche segno di decadenza, non vede nei Nipponici alcun segno di originalità, e d'altra parte la discussione quale delle due sia superiore, tra la civiltà sinica e la nostra, è facilmente risolta dal considerarne gli effetti pratici. La Cina aveva progredito fino a Ching-Tsoung, l'ultimo della dinastia dei Ming (1618), ed anche sotto i primi Imperatori della dinastia Manciù, che la domina da oltre duecentosessant'anni per quanto sia d'una schiatta tartarica estranea alla sua civiltà, aveva raggiunto gradi elevati nell'arte, nella filosofia, nella mitezza dei costumi. Ma dalla morte di Khang-Hi (1722) la decadenza dell'Impero del Drago Celeste è provata dalla sua incapacità di espansione politica, dalla secolare cristallizzazione della filosofia della letteratura e dell'arte, e dalla sua semplice resistenza passiva nella lotta contro gli stranieri. Oltre a ciò, la civiltà sinica, pur rivelando alcuni lati superiori sotto l'aspetto morale, non si svolge con frutto nella sfera degli adattamenti pratici, i quali son quelli che decidono della fortuna dei popoli. Ciò non di meno, dobbiamo confessare che gli Asiatici dell'estremo Oriente ci superano sotto certi riguardi, tra gli altri per gli affetti parentali, per la fredda considerazione della morte, per la prolificità, la resistenza nel lavoro, la sobrietà; e se manterranno codeste doti, saranno sempre pei Bianchi dai temibilissimi avversarii. Aggiungasi che certi Europei, entusiasmati dalle profondità innegabili di alcuni principii del Buddismo, se ne sono fatti propagatori, auspicando un rivolgimento delle anime Occidentali verso le religioni e le filosofie orientali. Perciò in un lontano avvenire, sbarazzata la superficie terrestre da tutti gli elementi etnici meno alti, Bianchi e

Uno scrivano Giapponese.

I Giapponesi stanno abbandonando il loro costume, assumendo sempre più quello europeo, e anticipando così fra i Gialli l'unificazione psico-sociale delle Razze arcimorfe, per ora sul tipo della civiltà Mediterraneo-atlantica.

Gialli si disputeranno, non solo il dominio dello spazio utilizzabile, ma anche la regolazione dei destini morali e sociali umani: e sarà una lotta civile e violenta formidabile, quale mai se ne vide la simile.

Non è permesso affermare vaticinii su d'un fatto storico che per fortuna si annuncia lontano, ma nella mia coscienza di Bianco incivilito sono d'avviso che né per ora gli sforzi dei propagandisti Buddofili avranno risultato serio, né per l'avvenire il mondo apparterrà alle genti Xantodermiche. Invero la morale di Lao-tse e di Confucio, che esse seguono, pur offrendo punti di invidiabile altezza, tende a favorire la passività a detrimento dell'azione; e l' "anima cinese" è governata da pregiudizi assai peggiori dei nostri. Poco giova possedere un concetto della vita diverso dal nostro ed una veduta profonda sul così detto mondo spirituale (cfr. Harpf, *Morgen- und Abenrf-land,* Stuttgart, '05); noi abbiamo saputo svolgere un'attività pratica immensamente superiore con altri concetti ed altri ideali, e ci apprestiamo a rivivificare la morale creata dal nostro genio filosofico e religioso col fermento dei principii d'una nuova etica e di un nuovo diritto sociale.

L'etnarchia non può toccare agli Ominidi di colore deciso, per la ragione precipua che il loro organismo conserva, in confronto con quello degli Xanto- e Melanocroi di razza Bianca, un numero maggiore di particolarità primitive e non li eguaglia negli apparati e nelle funzioni di più alta dignità biologica. Può ammettersi per presupposto (al quale però non sarebbe facile dare, antropologicamente, una base positiva) che tutte le Razze umane siano *potenzialmente* perfettibili; e invero, se quella Bianca si è sviluppata fino all'attuale suo grado gerarchico, essa non l'ha potuto naturalmente fare che in una linea di variabilità contenuta in germe dalla forma umana. Ma per imaginarci che da qui in avanti la nostra Razza possa venire raggiunta o superata dalle altre due, bisognerebbe che avvenisse una decadenza generale di tutte le sotto-razze e varietà Leucodermiche arcimorfe su tutta la Terra, oppure che le genti Xanto- e Melanodermiche prendessero uno slancio subitaneo ed impreveduto. Non nego che questa seconda ipotesi in riguardo ai Gialli non sia possibile: io, però, la dico improbabile, qualora, restandone anche immutato il somatismo ormai bene stabilito, non si mutino certe loro attitudini mentali, e sopratutto non penetri in essi il soffio di una rinnovazione politica e sociale. L'altra ipotesi, della degenerazione dei Bianchi, sembra pure improbabile, e per due ragioni: per l'eredità in noi ormai assicurata di attitudini superiori, le quali si trasmetteranno sempre con più forza di generazione in generazione; e per la indole stessa intensamente progressiva della nostra "coltura". I popoli Europei, dovunque vadano a dimorare, compiono passi così affrettati in avanti, che non potranno essere facilmente sorpassati dagli Uomini di colore, anche qualora questi si mettessero a camminare per iniziativa propria, e non per sola imitazione sulla via regia della civiltà.

La concorrenza tra le nazioni di razza Bianca

Rimane così da discutere un tema più limitato, ma anche più spinoso: — quale cioè dei gruppi etnici ascritti al grande tronco "Caucasico" possa aspirare con maggiore fondamento alla etnarchia presente e futura nel seno delle così dette razze Leucodermiche.

A spiegazione di questo problema fa d'uopo ricordare, in primo luogo, che nella larga cerchia etnologica del Leucodermismo son comprese delle varietà, le quali somaticamente e mentalmente rappresentano, per consenso di tutti gli antropologi, valori di grado inferiore in confronto di altre varietà ascritte alla cerchia del Mongoloidismo e persino di alcune schiatte Nere. Certe popolazioni leucodermiche non si scostano per la struttura e per la capacità mentale dagli Europei più avanzati, ma intanto non han dato civiltà alcuna e sembrano disadatte a darla per ragioni diverse geografiche e sociali: tali sono i Guanci, i Galla, gli Abissini, tutti i Camiti odierni. Altri Bianchi invece, che hanno avuto momenti di altissimo sviluppo, si trovano oggi decaduti dall'antico splendore, fra cui gli Indiani, gli Iranici, gli Arabi, i Greci. Né tutti gli Europei si addimostrano oggidì egualmente avanzati: per esempio le nazionalità slave o a fondo slavo della penisola Balcanica, e quelle ispano-lusitaniche della penisola Iberica, con le loro derivate sud-americane, non possono nelle condizioni attuali aspirare a dirigere il movimento della civiltà contemporanea. Inoltre, anche entro la compagine di ciascuna nazionalità esistono sottogruppi etnici meno progrediti, perfettamente come avviene in ogni aggregato umano, dove sarebbe assurdo negare una graduazione gerarchica dei valori individuali; tutte le stirpi, le varietà e le razze dell'Uomo, anche se si vantano di appartenere al tronco "Caucasico" o "Giapetico", ubbidiscono sempre alla legge naturale che ci fa dissimili dalla nascita.

Orbene, fu nel 1854 che il Conte di Gobineau enunciò pel primo la tesi, che la Storia universale aveva bensì veduto sette civiltà diversamente gloriose, la Indiana, la Egiziana, la Assira, la Greca, la Cinese, la Italico-Romana e la Germanica, ma che tutte, in quanto avevano prodotto di veramente grande di nobile e fecondo nella scienza nella filosofia nell'arte nell'industria, lo dovevano esclusivamente ad un popolo solo, ad una sola schiatta superiore, a quella degli "Ariani" che si erano ovunque mescolati o sovrapposti ad elementi etnici di valore subordinato. Questi suoi "Arii" il celebre poligenista essenzialmente immedesimava nei Germani. Ed anche là dove gli Ario-Germani non apparivano a prima vista i portatori della civiltà, l'analisi storica, compiuta con vigore inusato sui documenti di allora, conduceva il Gobineau a vederne (o ad imaginarne) sempre l'influenza diretta, il più spesso mediante l'infiltrazione coloniale, persino nella lontana Cina e nella stessa Assiria, le due sole colture cui egli concedesse una tal quale originalità. Splendidamente scritta è la sua opera, e vai la pena di riportare alcuni periodi dell'epilogo:

> "*La storia umana è simile ad una tela immensa. La terra è il telaio sul quale essa è tesa. I secoli riuniti ne sono gli infaticabili artefici, e non nascono che per afferrare la spola e farla correre sulla trama...... Ma la stoffa non ne riveste un color solo, ne si compone di un'unica materia...... Le due varietà inferiori di nostra specie, la razza Nera e la razza Gialla, sono il fondo grossolano, il cotone e la lana, che le famiglie secondarie della razza Bianca rendono più fine e molle mescolandovi la loro seta, mentre il gruppo Ariano, facendo circolare le sue reti più sottili attraverso le generazioni annobilite, applica alla loro superficie, come splendido capolavoro, i suoi arabeschi d'oro e d'argento*".
> (Loc. cit., 2ª ediz., II, pag. 559).

Nella tesi del Gobineau vi è una parte di vero, ma anche un errore fondamentale dipendente dal pregiudizio creato allora dai filologi intorno alla nobiltà e diffusione di una razza cosidetta "Ariana". Non è il caso di rifare la storia di questa idea che ha turbato e seguita a turbare la mente di molti storici, linguisti ed etnografi. Mi basti rammentare che l'origine del così detto "problema Ario" è dovuta alla scoperta di una fratellanza fra le lingue parlate dai popoli di una parte del Sud-ovest Asiatico e da tutti gli Europei, toltine i piccoli gruppi isolati dei Baschi, Magiari, Finni e Turchi, i quali sono, tranne i primi, di immigrazione recente in Europa. Fu lo Schlegel che chiamò "Indo-germaniche" queste lingue, poscia il loro nome venne cambiato dal Bopp in "Indo-europee ", infine sostituito con quello di "Ariane". Ma il criterio linguistico, lo vedemmo, è spesso fallace, ed inoltre non fu provata mai con argomenti positivi la esistenza di un popolo conquistatore d'Europa che rispondesse antropologicamente e storicamente a questi "Arii" ipotetici, parlanti un tempo una sola e medesima lingua divisa di buon'ora in dialetti, e dispersisi poi dall'Oriente verso Occidente in due o più gruppi maggiori. Il disaccordo fra gli scienziati è colossale: gli uni negano perfino la esistenza degli "Arii", gli altri hanno cercato di fissarne la etnologia, identificandoli or con questo ed or con quel popolo fra i tanti ricordati dalla leggenda e dalla protostoria. E così furono loro assegnate le più varie origini, le più diverse patrie o prime sedi; le loro migrazioni vennero segnate sulle carte geografiche della Eurasia da tutti i punti dell'orizzonte, dal nord al sud, dal Baltico all'altipiano del Pamir, dalla lontana Siberia alla Battriana. Sotto il riguardo antropologico, gli "Arii" furono descritti coi caratteri fisici più opposti in statura, in forma del cranio, in color degli occhi e capelli; neanco si è loro lasciato quella prima generica attribuzione al tipo "Caucasico" che pareva inconcussa: il Sergi li ascrive adesso alla sua specie Eurasiatica (= gn. *Eoanthropus),* e scoprendo in essi probabili affinità mongoloidi li vede distinti pel cranio in molte varietà, fra cui perfino le brachicefalo sferoidali, sfenoidali, ecc., e le forme facciali platiopiche a pomelli salienti, e con la pelle or bianca ed or bruna, e con gli occhi ora ceruli ed ora castagni (cfr. *Arii ed Italici,* '98; *Europa,* già cit.). Dimodoché pel Sergi non i soli Germani sono Arii, ma lo sono e i Celti e gli Slavi; 1' "arianismo" finisce coll'abbracciare i dolico-biondi e i brachi-bruni in un solo, unico ceppo!

È notorio che la tesi del Gobineau, dopo varii anni di silenzio, è stata esumata dai Tedeschi che, quali "Arii" tipici, vi si son visti o vi si credono alzati sugli altari della Storia e dell'Etnologia. Parecchi di essi hanno sostenuto sul serio che la frazione superiore dell'Umanità attuale sia costituita soltanto dalla "razza nordica Europea" d'alta statura, dolicocèfala e bionda, alla quale per antonomasia si è dato il battesimo vanitoso di *Homo Europaeus, sive Germanicus*; e si proclama che tanto nel presente quanto nell'avvenire i dolico-biondi nordici hanno od avranno la supremazia sui dolico-bruni del sud, *H. mediterraneus,* e sopratutto sui brachi-bruni del centro, *H. alpinus.* Né basta ancora: tanto nel passato quanto nel presente, i produttori e trasportatori della civiltà, i "*Kulturträger*", sono esclusivamente questi Ario-Germani: che, se oggi pare ridicolo sentenziare che essi siano gli inspiratori delle civiltà orientali e persin della Cinese, come fantasticava il Gobineau, c'è però chi attribuisce loro, dalle invasioni barbariche dell'Impero Romano in qua (se anche non erano dolico-biondi gli stessi eroi d'Omero!), tutta la coltura Occidentale moderna: le altre schiatte o nazioni Bianche, compresa la "giovane" razza Slava, non fanno che imitare o subire il dominio intellettuale germanico. Un antropologo tedesco, più temerario che autorevole, ha preteso che il nostro Risorgimento fosse il portato degli "uomini biondi del nord" e che Dante e Leonardo, de Palissy e Montaigne fossero soltanto dei Tedeschi larvati (cfr. Woltmann, *Die Germanen u. d. Renaissance in Italien,* Lipsia, '05; *D. Germ. in Frankreich,* '08). D'altra parte, O. Ammon e pochi suoi seguaci, introducendo tale concetto nella sociologia, hanno sostenuto con dati statistico-antropometrici, che nella compagine delle popolazioni civili Europee, massime nei centri urbani, si effettui ora una selezione a rovescio, nella quale cioè i grandi dolico-biondi sarebbero alle prese coi piccoli meso- e brachi-bruni, e questi si infiltrerebbero e salirebbero per capillarità sociale sino a spodestarli dalla meritata egemonia etno-sociale: ora, poiché i bruni, siano dolico-come i Mediterranei ed Europei del Sud, siano brachicefali come gli Alpini del centro — da qualcuno assegnati all'elemento asiatico — sono apportatori di inferiorità fisica e mentale, la loro ascensione costituirebbe una grave minaccia per la civiltà occidentale, quindi mondiale (cfr. Ammon, *Dle naturi. Auslese beim Menschen,* Jena, '93; *Jjcs sélections sociales,* trad. Parigi, '05; Lapouge, *L'Aryen,* cit.).

Questo è il pernio d'una dottrina semi-scientifica e semi-politica, cui si è voluto dare il nome abusato di "antropo-sociologia" facendone un'umile ancella dell'imperialismo pangermanistico; e ne è venuta fuori la conclusione che soltanto le nazioni "germaniche" (Tedeschi, Anglo-Sassoni, Nord-Americani, Neo-Australiani) sono in progresso, mentre le vecchie nazioni "Latine", cioè le meridionali d'Europa, sono in decadenza, con l'aggiunta che quelle neo-latine del Centro e Sud-America si addimostrano incapaci di maturazione civile. E purtroppo, anche scrittori francesi, italiani e spagnuoli, come Lapouge, Desmoulins, Ferrero, Sergi, Oloriz, sia con speciose teorie etnologiche, sia dietro impressioni effimere di viaggi durati qualche settimana, sia con lamentele autoaccusatorie, hanno rincalzato l'asserto della degenerazione della Latinità, dando presa ad un fatalismo etnarchico falso e dannoso. Di guisa che, venendo la ricerca scientifica inquinata da codesti orgogli e dalle concordanti depressioni del sentimento di "razza", si è potuto leggere anche la stravagante profezia dello Spitzka, che dal peso comparato della massa cerebrale ha preso desumere che chiamata irrefrenabilmente a dominare il Mondo sarà in futuro la "razza Nord-Americana"! (cfr. in "Connect. Magaz.", '06).

Io non ripeterò gli argomenti storici, economici e politici che egregi sociologi, come J. Finot, G. Novicow e N. Colajanni (v. di quest'ultimo : *Latini e Anglo-Sassoni,* Napoli, '06), hanno opposto con vigore, se non con vera competenza in materia etnologica, alla decantata supremazia degli Ario-Germani immedesimati coi dolico-biondi nordici: rammenterò invece che anche antropologi distinti, come l'Hervé, (hanno impugnata la tesi prediletta della scuola antropo-sociologica (cfr. in "Trav. de l'Inst. sociol. Solvay", Bruxelles, '06). Oggi facilmente si demolisce il vecchio concetto del Gobineau, che gli "Arii" siano stati i soli apportatori della coltura, giacché lo distruggono una più esatta conoscenza delle civiltà antiche e la scoperta di quelle preistoriche, del tutto ignorate cinquant'anni or sono e fiorenti per propria iniziativa in tempi di molto anteriori alle presunte immigrazioni Asiatiche. Inoltre, la storia degli aggregati umani non si può circoscrivere nei pochi ultimi decennii, né questi decidere del futuro: nessuna filosofia della storia, anche se maneggiata da un Vico o da un Herder, men che mai dal prof. Gumplowicz o dal prof. Vacher de Lapouge, ha il diritto di prevedere in formole dogmatiche le sorti dell'Umanità. Forse per certi lati è vero che presentemente la civiltà Euro-americana si trova dominata dallo spirito intraprendente, eppur rivale, dei Tedeschi e Anglo-Sassoni, e che nella parte più alta dell'odierna coltura, cioè nelle scoperte scientifiche, nelle concezioni filosofiche, nelle invenzioni, molto si deve al genio "profondo" germanico, al genio "sintetico" inglese e al genio "pratico" americano. Eppure: noi "Latini", che siamo quasi totalmente brachi- o mesocefali, melanocroi e meso- o microsomi, possiamo serbar fiducia in noi stessi; che dall'Italico-Etrusca a quella del Risorgimento abbiamo dato al mondo tre grandi e

Un Indiano del Cascemir.

Gli abitanti del Cascemir, sebbene mescolati in qualche luogo di confine
con elementi mongoloidi, sono ancora da considerarsi, insieme con quelli del Pamir
e dell'alto bacino dell'Indo, come assai prossimi al primitivo tipo «Ario»
che si sarebbe svolto nell'Iran, tra l'India e la Persia.

complete civiltà, al cui confronto si dirà sempre che l'Europa mediterranea subì un regresso quando dalle invasioni teutonico-slave si trovò nei primi otto secoli del medio-evo "germanizzata", e che non risorse se non quando si fu nuovamente "umanizzata" col ritorno all'elleno-latinismo.

D'altronde, le diverse nazioni Anglo-Sassoni, accanto ai suddetti innegabili meriti, palesano troppo spesso aspetti contradditorii di mediocre elevazione intellettuale e morale, dimostrati con efficacia dal Colajanni, quali il rispetto assurdo a viete tradizioni e all'autoritarismo, gli eccessi della libertà democratica e la corruzione politica, i fanatismi settarii religiosi o le più ingenue credulità, la grossolanità o le bizzarrie del gusto estetico, la degenerazione omosessuale o la dissoluzione della famiglia. Adunque, fra i popoli di razze o stirpi Europee, né i dolicocefali o brachicefali, né i bruni o biondi possono arrogarsi la qualifica di più intellettuali e morali, dal momento che durante i brevi secoli della nostra storia occidentale si è veduta la civiltà sorgere dapprima fra i Melanocroi Camo-Semiti d'Africa e Mesopotamia, passare ad altri Melanocroi delle regioni Mediterranee, e da questi soltanto più tardi salire verso gli Xantocroi nordici, che l'hanno poi portata in giro di seconda mano. Nessuno contesta che l'Antropologia evoluzionistica, col suo criterio odierno della gerarchia etnica, non fornisca lumi eccellenti per chiarire alcune questioni sociologiche, storiche e politiche: si può assentire senza sforzo a qualcheduna delle vedute del Gumplovvicz, e al principio generale diluito dal Woltmann nel suo trattato *(Politische Anthrop. — Unters. üb. d. Einfluss d. Descen-denztheorie,* ecc., Lipsia, '03), che la razza sia un fattore cardinale nella origine, nello sviluppo e nella sorte degli aggregati umani, tanto considerati nel loro intero assetto, quanto nei particolari istituti e costumi famigliari e sociali, economici e giuridici. Ma, si badi, il termine "razza" va usato in sociologia con prudenza ancor più grande di quella che raccomandammo in linguistica.

La gerarchia antropologica non ha valore quando venga applicata fuori delle maggiori integrazioni etniche, cioè delle Razze-stipiti o sub-specie umane: è un vero abuso ed arbitrio servirsi dei criterii parziali forniti dall'indice cefalico o dal color degli occhi per distribuire valutazioni di superiorità od inferiorità ai sotto-tipi e alle sotto-varietà formatesi per differenziamenti locali o per vicende storiche nella cerchia dei grandi tipi o tronchi etnici. Si potrà invece sostenere, con serrata argomentazione biologica, che fra gli Arci-metamorfi ogni popolo ed ogni nazionalità, nella massa e nella successione degli individui componenti, costituiscono veri e proprii organismi destinati a nascere e a svolgersi, a prosperare e a decadere, come avviene di ogni e singolo essere vivente; e se la loro prosperità è data dalla assimilazione crescente degli elementi etnici fondamentali, che in ciascun popolo o in ciascuna nazionalità si sono mescolati e sovrapposti fino a trovarsi in possesso di una coscienza e di una volontà collettiva, d'altro canto la loro decadenza ed estinzione dipendono dalla disassimilazione degli elementi medesimi. Ciascuna "razza" scompare dalla storia dopo aver raggiunta la maturità fisica e psichica ond'era originariamente capace; ma durante la sua esistenza più o meno lunga essa si forma e si sistema una coltura di indole e contenuto particolari, diffusa su di uno spazio geografico più o meno ampio, persistente per un tempo più o meno lungo, a seconda di numerose contingenze materiali e storiche. E chi sa? forse, al pari di quelle piante che durante tutta la loro vegetazione non danno più di una sola efflorescenza, ciascuna "razza" produce una sola civiltà propria, pur rimanendo aperta agli innesti fecondi di civiltà forestiere. Pertanto è presumibile e prevedibile che tutti i rami del grande tronco dei Leucodermi (e lo stesso vaticinio riguarda i rami del tronco parallelo Xantodermico) siano chiamati a dare il loro contributo alla civiltà universale: vi sono schiatte e razze "giovani" alle soglie della storia, come la Slava, la Americo-latina, la Anglo-australiana; ed esse sono piene di fiducia nel loro avvenire. Ma perché non ammettere pure che sia biologicamente possibile un periodico avvicendarsi di efflorescenze culturali nella medesima razza o stirpe? Perché precludersi la via ad imaginare un ritorno della civiltà nelle stesse plaghe? Un caso di questo periodico rinnovamento fisiopsichico di una razza e nazionalità ben potremmo essere noi Latini, anzi noi Italiani, secondo che opina Giacomo Novicow; mentre una risurrezione consimile toccherà di certo all'India, che non è meno "ariana" della Prussia e della Gran Brettagna, e dove si avvertono i primi sintomi di un risveglio intellettuale verso l'autonomia. Inoltre, vi è l'altro argomento biologico dell'eredità: come esiste la trasmissione latente dei caratteri fisici, che riappaiono riconducendo la razza al suo tipo originario, così è sicura l'eredità socio-psicologica (De Candolle, Galton, Baldwin). I discendenti di una schiatta o nazionalità, che ha saputo svolgere ad esuberanza una civiltà, conservano nel loro cervello i germi latenti di disposizioni progressive e di rinnovate potenzialità mentali. Perciò, anche se fosse vera la tesi antropo-sociologica della supremazia presente di dati elementi o gruppi etnici nel grembo della Razza-stipite Bianca, non sarebbe per ciò esclusa la possibilità, dirò meglio la probabilità di una seconda e terza efflorescenza culturale nelle nazionalità di stirpe così detta latina. Che anzi dobbiamo alimentare in noi stessi questa credenza e prepararne la traduzione in fatto concreto della storia futura, dal momento che l'Uomo può oramai, con sforzi potenti e intelligenti di volontà, decidere del proprio destino alla superficie della Terra.

Il "Metanthropos" quale esito futuro dell' Evoluzione organica e umana

Così siamo giunti, dopo lungo e faticoso cammino, al cospetto del futuro lontano del genere umano, e potremo riassumerne le linee più verosimili.

Estinte tutte le specie animali a noi affini, qualora esse non vengano giudiziosamente addomesticate per ottenerne, come voleva Vittorio Meunier, degli utili ausiliarii cui assegnare gli ufficii più bassi ed ingrati delle sue organizzazioni sociali, l'Uomo si troverà sempre più distaccato dal resto dell'animalità: questa, ad eccezione delle specie a lui utili per l'uno o per l'altro motivo, incontrerà condizioni sempre più difficili di vita alla superficie delle terre abitabili, e perderà quasi tutte le faune locali, vieppiù modificate dalla coltivazione e dall'industria, dalle vie aperte al traffico. Probabilmente solo la vita pelagica sfuggirà in parte all'azione perturbatrice dell'Uomo: per cui, nel ciclo perenne della Evoluzione organica, il mare tornerà ad essere la matrice di nuove forme e di nuovi tipi organici in una Terra geograficamente assai diversa dalla attuale.

Continuando nella specificazione l'Uomo si trasformerà gradatamente in una forma sempre più alta, che finirà coll'essere il *Metanthropos* vaticinato dai filosofi, preveduto dai biologi odierni nelle dottrine della Evoluzione, imaginato dagli antropologi mediante lo studio delle sue attuali modificazioni organiche e funzionali, auspicato dai sociologi nelle loro anticipazioni sull'assetto di una società più avanzata e migliore della nostra.

Scomparse tutte le varietà umane inferiori, che non avranno potuto sopravvivere davanti all'espansione ed al dominio delle più adatte; assimilate da queste, per dominazione ereditaria dei loro caratteri, tutte quelle varietà di medio valore con le quali avranno preferito incrociarsi e fondersi, l'Umanità si troverà costituita soltanto da tipi etnici superiori. I nostri successori Arcimorfi forse non si faranno più guerra; alle lotte cruente si sostituiranno quelle civili, se non nei mezzi, almeno negli intenti: l'antagonismo fra le grandi Razze superstiti sarà di puro ordine intellettuale e morale; esse disputeranno, senza odiosi rancori, il glorioso ufficio di progredire verso stadii sempre più elevati di organizzazione. Ora, può essere che in questa competizione dei nostri discendenti verso uno stato ottimo si avveri di nuovo un differenziamento, con eliminazione graduata dei meno capaci in modo da lasciare l'Umanità definitivamente composta da individui, per così dire, superumani nelle strutture e funzioni sue più caratteristiche. Certamente, però, non dobbiamo imaginarci che l'Uomo si incammini verso trasformazioni troppo risentite: i cambiamenti futuri del nostro organismo, quali vennero in parte da me descritti, non gli faranno perdere il suo tipo fondamentale e generico. Una specificazione organica troppo intensa, oltre ad essere contraddetta dalle linee fin qui segnate dalla ortogenesi umana, sarà sempre ostacolata dallo sviluppo della mente, e, d'altra parte, riuscirebbe perniciosa. L'Uomo, intellettualmente capace di dominare la natura, non ha bisogno di crearsi organi speciali di difesa, né di protezione, forse neanco più caratteri sessuali secondarii di indole diversa da quelli acquistati. Il tipo *Homo sapiens* è il prodotto di un differenziamento antichissimo, e poiché si è rivelato idoneo ad un distacco enorme, pressoché immensurabile, dalla animalità sotto il riguardo mentale, può perdurare senza notevoli o troppo forti cambiamenti somatici durante un lunghissimo corso di epoche future.

Tuttavia, l'Evoluzione ci porta a ritenere possibile una mutazione critica dell'Uomo anche sotto il riguardo fisico; chi sa che non si vengano svolgendo in noi, a nostra insaputa, delle premutazioni trasformative, che abbiano il potere di far sorgere una forma tanto differente dall'umana attuale, quanto questa è differente dal più prossimo vivente od estinto Antropoide? Né risulta impossibile neppure un regresso generale o parziale verso stadii già superati dallo sviluppo umano; ciò vorrà dire soltanto che, in condizioni di vita diverse dalle attuali, l'organismo nostro si cercherà un adattamento novello. Ma è difficile ammettere che questo regresso possa essere duraturo; tutto ci induce a credere invece, con Goethe, che la linea della Evoluzione giri su sé medesima come una spirale, compiendo frattanto nel suo insieme un avanzamento continuo. Piuttosto che nel fisico, potranno esservi alternative e ritorni nello sviluppo morale e sociale, come già se ne verificarono nella storia. Vi è una filosofia che prevede degli enormi cicli naturali con risurrezione periodica delle stesse forme e delle stesse funzioni. Federico Nietzsche aveva anzi creduto che siffatta concezione rappresentasse la supermetafisica, qualche cosa di sublime o di divino sorta nel suo tumultuoso pensiero, ma egli ignorava o forse dimenticava che la idea dei cicli è molto vecchia e fa anche parte di cosmogonie orientali: essa non ha altro valore se non quello di essere una ipotesi inverificabile, simile in ciò ai misteri e dogmi di tutte le religioni. Restringendoci ad una concezione più positiva noi ci contenteremo di rappresentarci un avvenire meno ipotetico, perché racchiuso nel ciclo della Evoluzione di cui facciamo parte.

Il *Metanthropos,* che la antropologia evoluzionistica prevede, sarà un essere molto lontano da quel *Prothomo* e da quell'*Homo primigenius,* di cui abbiamo cercato di stabilire l'origine e lo sviluppo; ma sarà sempre un *Homo sapiens* del tipo arcimorfo. Cioè: un essere più perfetto nella linea della specificazione antropinica, euritmico nelle proporzioni del corpo, con una statura vantaggiosa, la testa sempre eretta, in possesso della completa verticalità senza i suoi danni attuali; e forse l'Arte antica, grecoromana, lo intuì e lo plasmò quale tipo ideale di Bellezza, anticipando di secoli e secoli l'estetica futura del somatismo umano. Senonchè, l'Uomo avrà ossa, nervi e un sistema muscolare viemmeglio adattati ad essere gli strumenti di una intelligenza superiore, e quindi pronti a tradurre in atti ben coordinati tutte le scariche psicomotorie dei centri cerebrali secondo la legge del minimo sforzo. Privato di tutti gli inutili rudimenti morfofisiologici che fino ad ora tradiscono la sua natura animalesca, egli conserverà soltanto le strutture necessarie allo svolgimento di una vita più lunga, più sana e più intensa. La sua resistenza organica sarà aumentata, e se non potrà mai vincere la morte e la malattia che sono appannaggio indivisibile della Vita, avrà debellati molti germi morbosi e acquistata una progressiva immunità almeno contro le malattie più dolorose o più ripugnanti. Il differenziamento tra la mano ed il piede sarà proseguito; l'apparato di masticazione si troverà ridotto ai limiti ed alle forme che richiederà un regime dietetico di sempre più facile presa ed assimilazione. Forse il corpo sarà coperto da un sistema pilifero meno copioso in causa della continuata difesa opposta dall'Uomo agli agenti climatici, ma saranno mantenute quelle sue porzioni che il senso estetico di origine sessuale vorrà probabilmente ancora preferire. A tale proposito è difficile dire se il dimorfismo sessuale sarà conservato nel grado presente, o se gli Uomini non si abitueranno ad ideali somatici diversi dal nostro, fors'anco derivati da minor lontananza, se non da eguaglianza, dei due sessi nei loro uffici sociali: credo però che la influenza delle secrezioni interne di ordine genitale manterrà sempre i caratteri sessuali secondarii, e che anzi la maternità meglio curata darà alla donna futura nuove attrattive.

Noi prevediamo un periodo di civiltà, in cui una coltura più armonica del corpo ed una selezione individuale e sociale regolata per l'utile della Razza rappresenteranno una parte importante nelle occupazioni dei dirigenti gli aggregati sociali. In allora avrà effetto quella "Antropotecnia", che gli educatori e i sociologi odierni predispongono, traendo profitto dalle esperienze compiute per scopi altrimenti utilitarii nel campo zootecnico. Che se si viene preparando fin d'ora un'epoca, in cui le unioni sessuali saranno esclusivamente guidate dal sentimento di una sincera affinità e da criterii di igiene privata e pubblica, ben si può prevedere che in un futuro ancora più lontano esse saranno regolate secondo criterii più larghi per il vantaggio della specie, cioè in vista del miglioramento generale del tipo umano. Che se fino da adesso in qualche paese civile si incominciano gli sforzi legislativi per diminuire i penosi effetti della eredità patologica, stabilendo qualche norma restrittiva alla libera scelta delle coppie coniugali, ben si può imaginarci una Umanità composta di individui vieppiù consapevoli dei proprii doveri verso la specie, e per ciò indotti ad imporsi, per mezzo della Eletta sociale, una limitazione obbligatoria al diritto di partecipare alla riproduzione eliminandone sempre più i deboli, gli infermi e gli anormali. Una applicazione severa delle leggi biologiche meglio conosciute dell'eredità conservativa e della variabilità progressiva permetterà di governare a volontà il corso della Evoluzione umana: certo si è che nel seno della Razza superstite saranno preferiti i tipi meglio rispondenti all'ideale metantropico. Si è preteso che oramai nell'Uomo l'Evoluzione organica si sia arrestata e che soltanto quella psico-sociale sia in progresso: ma se questa opinione fu dimostrata insostenibile anche quando venga trattenuta ad apprezzare lo stato presente, essa è poi assurda rispetto all'avvenire, giacché non si potrà anticipatamente negare ad un *Homo* per l'appunto *ultrasapiens* la capacità intellettuale di imparare a dirigere il proprio sviluppo fisico, agevolando in sé

Il tipo superiore dell'Europeo mediterraneo
secondo un'opera d'arte Romana.

medesimo il perfezionamento di quei caratteri somatici e di quelle attitudini fisiologiche, che insieme ai poteri psicologici lo renderanno sempre più padrone della propria sorte.

In questo senso soltanto la Evoluzione mentale si andrà svolgendo sempre più in alto, superando i limiti concessi all'Evoluzione fisica, e governandola con intenti determinati. Il cervello del *Metanthropos,* sempre più perfezionato nelle sue forme esteriori e nelle strutture interne, arricchito sopratutto di nuove e per ora imprevedibili associazioni cellulari, sarà anche accresciuto di mole, ma non romperà con una grossezza eccessiva l'armonia col resto del corpo, perché un più saggio esercizio del sistema muscolare e degli organi dei sensi darà a tutte le parti dalla sua compagine uno sviluppo correlativo. I sensi intellettuali, l'udito e la vista, accresceranno così il loro predominio nel fornire alla intelligenza i suoi elementi costitutivi sensoriali; ma l'Uomo dell'avvenire, oltre alla educazione raffinata di sensi oggi troppo trascurati e quasi atrofici, come il tatto, l'olfatto e il gusto, avrà anche saputo svolgerne altri che presentemente sono rudimentali o iniziali. Egli possederà allora un senso esatto di orientamento nello spazio, avvertirà le ora quasi insensibili azioni elettromagnetiche e le radioattive, guadagnerà verosimilmente quel senso mirabile delle percezioni a distanza ed indirette, di cui la telepatia oggidì eccezionale è la innegabile preannunziatrice. Del resto, i progressi della fisica e della chimica avranno allargato in tal modo i mezzi e il campo della conoscenza umana, da potersi imaginare anche bastevole l'uso dei nostri sensi nelle loro condizioni attuali, che forse rappresentano il limite massimo concesso alle loro variazioni adattative, almeno in condizioni organiche non molto più differenziate. Ma l'incremento maggiore toccherà alle funzioni cerebrali superiori, a quelle che mediante una elaborazione associativa degli elementi fisio-psichici diventano Pensiero, Sentimento, Volontà. A questo punto le previsioni della Antropologia evoluzionistica cedono il passo ai vaticinii della Psicologia e della Sociologia; e l'esporli, anzi il solo riassumerli sarebbe estraneo ai fini dell'opera mia: rimando perciò al recente libro del prof. Federico Sacco, che, a parte alcuni punti dottrinali e filosofici pei quali mi toccherebbe di dissentire da lui, porge una felice rappresentazione sintetica del passato e del futuro fisico-mentale di nostra specie (cfr. *L'Évolution Biologique et Uumaine,* Turin, Unione Tip.-Ed., '10).

I meravigliosi progressi compiuti dall'Uomo civile durante il secolo

XIX e nel I primo decennio del XX ci danno affidamento sicuro sul nostro avvenire materiale, intellettuale e morale (cfr. il mio Discorso inaugurale: *L'eredità del Secolo,* R. Università di Genova, '94-'95). L'enorme aumento della produzione industriale di fronte a quella dei secoli scorsi, le nuove applicazioni della scienza a tutte le arti meccaniche ed alle comodità di vita, lo sviluppo meraviglioso dei mezzi di locomozione, per cui crebbero a potenza inaudita i mezzi di trasporto e si diffusero i traffici a tutta la superficie terrestre stringendo le regioni più remote con vincoli commerciali, il moltiplicarsi a dismisura della ricchezza privata e pubblica, il miglioramento delle condizioni d'esistenza di quasi tutte le classi nel modo di vestire, nell'alimentazione, nelle abitazioni e nella viabilità, la crescente penetrazione della igiene nelle abitudini delle persone e nella previdenza delle Amministrazioni e dei Governi, donde la diminuzione di quelle epidemie che una volta decimavano intere popolazioni: tutte queste conquiste sul mondo materiale rappresentano altrettanti aspetti della lotta secolare tra l'Uomo e la Natura. Da centinaia di migliaia d'anni il genere umano, divergendo dalla animalità, va stabilendo passo per passo il suo dominio sulle forze naturali, sul calore, sulla luce, sulla elettricità, sul suono, sulla forza espansiva dei gaz e dei liquidi ridotti allo stato di vapore: furono traforate le montagne, furono uniti i mari, e ci accingiamo con ardore e con ardimenti eroici ad attraversare lo spazio aereo con macchine dirigibili e sicure. L'Uomo futuro scioglierà una gran folla di problemi fisici e tecnici, che noi intravediamo; utilizzerà sorgenti di forza che appena cominciamo a conoscere, quali l'enorme energia delle maree e delle onde, la forza meccanica degli spostamenti atmosferici, il calore interno e le altre forze endogene del pianeta, le combinazioni chimiche e le trasformazioni di stato fisico che avvengono nel sottosuolo sotto alte pressioni; e sfrutterà la inesauribile fecondità dei fiumi e dei mari in riguardo alle forme ivi viventi, la variabilità somatica e istintiva dei vecchi e dei nuovi animali domestici, le ricchezze oggi così tanto sperperate del mondo vegetale.

E con questo assoggettamento sempre più intenso e completo della Natura alla Intelligenza migliorerà anche la parte morale dello spirito umano. La conoscenza più profonda di se stesso e dei proprii destini, il benessere fisico vieppiù diffuso negli aggregati sociali e fra gli individui, li porterà alla operosità veramente utile per l'universale, alla benevolenza verso tutte le creature viventi, alla pietà ed all'altruismo verso i proprii simili. La diminuzione ed alla fine la scomparsa della ignoranza farà sparire le superstizioni e le sopravvivenze ataviche del pensiero, e l'Uomo, acquistando un'idea più positiva dei fenomeni e delle leggi naturali, si farà un concetto più esatto dei suoi rapporti col Cosmo, e cambierà le sue vedute intorno ai grandi concetti che costituiscono il fondo sostanziale e come l'ossatura stessa della sua coscienza scientifica, filosofica, artistica e religiosa. Allora si lascierà libero ad ognuno di adattare mutuamente nel proprio pensiero e nel proprio sentimento le quattro grandi correnti che hanno costituito e costituiranno lungo i tempi tutta la umana Mentalità, cioè la scienza, l'arte, la religione, la morale. Ed è nella pienezza di questa ascesa trionfale verso il Vero nell'intelletto, verso il Bello nella sensibilità, verso il Buono nel sentimento, verso il Forte nel dominio volontario di sé stesso e del suo ambiente di vita, che l'Uomo consoliderà definitivamente la sua superiorità sul resto della Natura e si preparerà un lungo avvenire senza preoccupazioni, senza dissidii, e possibilmente con il minimo di dolori fisici e morali.

L'incremento del sentimento di solidarietà tra gli Uomini qui ci sta a cuore sotto l'aspetto antropologico, poiché quasi sotto ai nostri occhi si è compiuto un atto storico e nello stesso tempo psico-sociale di importantissimo contenuto etnologico. Fu la comunanza di interessi sempre più vasti quella che creò vincoli sempre più estesi nel seno della Razza Bianca. Dapprima, fra le membra sparse dei singoli Stati Europei o fondati da Europei pel mondo intero; e fu l'effetto principale del movimento rivoluzionario in sulla fine del secolo XVIII e dell'epopea Napoleonica. Poi fra gli individui d'uno stesso Stato; e fu la causa delle lotte interiori, non ancora finite, per tutte le forme di libertà, con esito in quella democratizzazione sempre più forte e severa degli istituti civili, che fin d'ora si accentua nelle rivendicazioni sociali. In seguito, fra i popoli d'una stessa nazionalità; e fu il gran movente dell'agitazione politica Europea del secolo XIX, che non è peranco finita e donde uscirono, foriere di altre unificazioni nazionali, l'Unità Italiana e la Germanica. Da ultimo, si presenti il vincolo fra le nazioni della stessa stirpe o della stessa indole di coltura; ed è il problema etnico che si particolareggia nel panslavismo, nel pangermanismo, nel panamericanismo anglo-sassone, e chi sa? forse nel panlatinismo. Ma già questo più non ci basta, e noi prevediamo, nell'avvento dei legami ed istituti federali, le aggregazioni future di tutte le grandi nazionalità e razze sorelle dell' Umanità colta, finché rimangano di fronte soltanto i Bianchi ed i Gialli a disputarsi l'egemonia non mai definitiva fra i tipi vieppiù arcimorfi e arcipsico-sociali.

Dirò intanto che il *Metanthropos* non sarà il superuomo di Federico Nietzsche, perché l'Uomo superiore imaginato dal torbido e gretto individualismo tedesco è una esagerazione mostruosa delle differenze naturali fra gli uomini, ed è anche un ritorno verso una condizione di lotta acerba e crudele di pura indole animalesca. Né il Nietzsche si è fatto mai il quesito antropologico su ciò che fisicamente avrebbe potuto essere il suo *Uebermensch:* dobbiamo essergli grati di non averlo rivestito della forma germanica o pseudo-Ariana, come hanno fatto gli antropo-sociologi suoi compatrioti! Nel pensiero dello sventurato filosofo prevalse il primitivo e puro concetto darwiniano della *struggle for life,* che poneva tutti gli esseri in antagonismo inconciliabile tra loro, armati l'uno contro l'altro, volta per volta dominati o dominatori; se vinti, condannati a sparire; se vincitori, destinati ad ipertrofizzarsi nel loro orgoglio e nei loro istinti di egoarchia. Ma nella Evoluzione organica, oltre al fattore psichico in genere che il Darwin trascurò e che spesso dirige le variazioni vantaggiose in quanto è percezione della Realtà esterna e reazione di adattamento, ne esiste un altro, pure psicologico, di ordine particolare, che è l'opposto della lotta. È desso l'*aiuto mutuo,* che tutti gli esseri della stessa specie si portano; ed è il principio delle associazioni coloniali e sociali, che esiste già tra le piante, più si accentua fra gli animali, ed è da secoli in via di incremento fra gli Uomini. Questa reciprocità di soccorso e di protezione, illustrata con molto calore dal sociologo russo Kropotkine sotto il termine di "entr'aide" e compresa del resto nelle aspirazioni di tutti i pensatori più nobili, ossia più umani, non distrugge pur troppo la concorrenza tra i viventi, la quale rimane inconfutabile, ma la modifica e la surroga in contingenze speciali, la corregge e ne allevia gli effetti penosi, poiché gli individui si sostengono a vicenda e arrivano ad unire i loro sforzi per meglio difendersi contro i loro nemici e contro gli agenti naturali. Ora, l'Antropologia non può arrestarsi a considerare gli Ominidi futuri soltanto sotto l'aspetto di belve più o meno intellettuali ed esteticamente conformate, come i nietzschiani se li raffigurano sul tipo appena migliorato degli Eroi omerici, che erano dei barbari: deve integrarne la figura ideale chiamando a contribuirvi tutte quelle funzioni e facoltà che ne costituiscono le note distintive e, per cosi dire, le caratteristiche più vitali; e fra esse, accanto all'Intelligenza ed agli Istinti egoistici, deve collocare in prima fila i Sentimenti simpatetici o altruistici e le Volizioni che ne sono determinate.

Il "superuomo" o meglio il *Metanthropos* della sana e completa Teoria della Evoluzione è un Uomo normale, armonicamente sviluppato in tutti i sensi, che sarà senza fallo più intelligente di noi, ma che sarà anche più morale. Bene all'opposto di quanto vorrebbe prevedere la filosofia amoralistica contemporanea degli Stirner e dei Nietzsche, l'avvenire non può segnare la vittoria dei potenti e dei cattivi, né il trionfo della etica del piacere e del dominio sulla etica del dovere e della solidarietà. Irresponsabili degli eccessi di un così detto "darwinismo sociale", la Biologia e la Antropologia positive ed austere rifiutano sdegnosamente l'alleanza che viene loro offerta da questa filosofia della forza e dell'antagonismo. L'Uomo che esse prevedono avrà bensì una volontà rivolta tutta al miglioramento di sé stesso, ma non si distaccherà per questo dal rimanente dell'Umanità; anzi, attingerà maggior vigoria nella sua attività dal sentirsi accomunato nel pensiero, nei sentimenti, nelle volizioni alle altre coscienze individuali. Disseminato su tutta la Terra, esso farà cadere le barriere fra i popoli, collegandoli in gruppi federati in conformità della loro estensione naturale, della loro parentela etnica, della loro affinità storica e di una libera scelta. Il Metantropo, se probabilmente non parlerà un solo idioma, ne avrà creato almeno uno solo ed identico per le comunicazioni fra i varii gruppi o aggregati in cui resterà diviso, lasciando poi a ciascheduno di questi la piena libertà di svolgersi a seconda della particolare sua indole e delle sue tendenze, o a seconda dell'adattamento più vantaggioso al proprio abitato. E forse con la unità dei mezzi di comunicazioni terrestri, marittime ed aeree, con le unioni miste vieppiù facilitate, si avrà anche un minore differenziamento nei caratteri intellettuali e morali trai futuri aggregati umani.

Certo, differenze di individui, di varietà e di razze esisteranno sempre, tale essendo la prerogativa degli esseri viventi come li conosciamo costituiti; e vi sarà progresso più veloce e completo in alcuni gruppi, più lento e parziale in altri. Ma nel frattempo si formerà una coscienza etnica sempre più uniforme, e senza contrasti stridenti, fra gli individui e fra le diverse frazioni dei singoli organismi sociali, cioè popoli e nazioni; e la mutualità continua fra le coscienze nazionali darà origine ad una sempre più armonica e profonda Coscienza universale. Però, siccome ciascun individuo e ciascun gruppo etnico si formulano un concetto diverso della vita e del mondo, così vi sarà per tutti la più ampia libertà di dare alla Vita l'espansione che ciascuno crederà rispondente ai proprii destini, e di interpretare il mondo secondo gli ideali proprii. E siccome nell'Evoluzione lontanamente futura l'inimicizia permarrà soltanto tra l'Uomo e la Natura, che diverrà per molti riguardi la schiava della Intelligenza, così nel seno di ciascun aggregato umano e fra gli aggregati stessi la dannosa e spietata concorrenza attuale sarà sostituita da una simpatetica emulazione per raggiungere gli Ideali comuni.

Si scorge da ciò quanto sia falsa l'affermazione di certi neo-mistici odierni che la Filosofia scientifica o positiva manchi di un ideale; più falsa ancora l'accusa che essa non lo proponga all'Uomo. La verità è questa: che gli Ideali, essendo un *fatto* psicologico e storico, non sono né furono mai negati dal Positivismo; soltanto che questo li crede e lì dimostra il prodotto di una Mente che dalla conoscenza del passato e dalla esperienza del presente desume e prevede le possibilità di un Reale futuro, e tende con tutti gli sforzi a renderlo sempre più probabile. Gli Ideali non ci vengono regalati da Poteri estranaturali, né ci arrivano dal di fuori: essi nascono nel nostro di dentro, sono in piena corrispondenza con le condizioni di vita, e anche quando li dilunghiamo nel più lontano avvenire di nostra specie e li distacchiamo colla imaginazione dalla Realtà empirica, portan sempre con sé ed in sé l'impronta incancellabile della loro origine d'indole terrestre. Checché tenti il nostro pensiero, siamo sempre dinnanzi ad una idealizzazione della Vita e della Mente quali ci sono e soltanto ci possono essere positivamente conosciute.

Secondo il Positivismo, è dalla prova attuale o empirica della sua odierna potenza sulla natura bruta, che l'Uomo trae gli auspicii di ulteriori e maggiori suoi trionfi; è dal sentirsi capace di sforzi diretti ad un fine immediato, che egli attinge la forza di volontà per raggiungerne altri più lontani, ma intelligentemente preveduti secondo la legge di causalità; è dall'accumularsi e allargarsi istintivo dei rapporti di simpatia verso i proprii simili, ed è dai provati vantaggi dell'associazione e della cooperazione, che egli si forma una visione più nobile della sua esistenza sociale futura, basandola sul sentimento della Pietà, sulla Solidarietà, sulla Giustizia. L'Ideale non è dunque la prerogativa di nessuna filosofia, di nessuna religione: noi, trasformisti e positivisti, ce lo foggiamo e prefiggiamo al di là di ogni morale categorica o teologica, desumendolo in modo esclusivo dalle dottrine biologiche e antropologiche che si sono sistemate e nobilitate nella Teoria dell'Evoluzione.

INDICE

L'UMANITA' DELL'AVVENIRE

SCARICA GRATIS L'EBOOK
DI QUESTA OPERA
IN FORMATO EPUB

www.edizionitrabant.it/emos3
PASSWORD: **97ar2vpj8**

www.ingramcontent.com/pod-product-compliance
Lightning Source LLC
LaVergne TN
LVHW050943080826
845145LV00004B/1384

* 9 7 8 8 8 9 6 5 7 6 0 3 8 *